UNIQUE MÉDAILLE POUR LA MUSIQUE A L'EXPOSITION UNIVERSELLE DE VIENNE 1873
Plus haute récompense à celle de Paris 1878. 1er prix à l'exposition de Melbourne, 1880
OUVRAGE ADOPTÉ DANS LES CLASSES DU CONSERVATOIRE DE BRUXELLES
ET DANS LES ÉCOLES DE LA VILLE DE PARIS.

TRAITÉ
DE
L'EXPRESSION MUSICALE

ACCENTS, NUANCES ET MOUVEMENTS
DANS LA MUSIQUE VOCALE ET INSTRUMENTALE

« Évidemment, il y a une manière d'exécuter qui, si elle était connue des musiciens, exclurait toute autre exécution. »
(REICHA, Traité de Mélodie.)

PAR
Mathis LUSSY
LAURÉAT DE L'INSTITUT, ACADÉMIE DES BEAUX-ARTS;
MEMBRE CORRESPONDANT DE L'ACADÉMIE DES BEAUX-ARTS DE GENÈVE
ET DE LA SOCIÉTÉ DES COMPOSITEURS FRANÇAIS, ETC., ETC.

5e ÉDITION REVUE ET CORRIGÉE

Prix : 10 francs

PARIS
AU MÉNESTREL, 2bis, RUE VIVIENNE
HEUGEL ET Cie
ÉDITEURS DES SOLFÈGES ET MÉTHODES DU CONSERVATOIRE
1885

TRAITÉ

DE

L'EXPRESSION MUSICALE

1885

TRAITÉ DE L'EXPRESSION MUSICALE

ACCENTS, NUANCES ET MOUVEMENTS

DANS LA MUSIQUE VOCALE ET INSTRUMENTALE

« . . . . La partie pédagogique du livre de M. Lussy est digne des plus grands éloges. Nous regrettons que le manque d'espace nous empêche de transcrire ici, sur la portée, quelques-uns au moins des morceaux des maîtres qui consacrent le précepte et le fixent dans la mémoire. Ils montreraient avec quelle clarté, quelle précision, quelle sagacité, M. Lussy traite les diversités du rythme, de la liaison rythmique, de la phraséologie et de la ponctuation musicales, des hémistiches et surtout des incises. Tout ce qui concerne la tonique et la tonalité mériterait d'être cité. On aimerait enfin à reproduire maints passages du chapitre relatif au mouvement passionnel et aux nuances, où l'analyse est à la fois hardie, neuve et juste. »

(*Bulletin des Comptes rendus des séances et travaux de l'Académie des sciences morales et politiques*. Décembre 1880.)

« . . . . L'ouvrage tout entier est dominé par une idée singulièrement juste, qui en fait l'unité et qui l'éclaire depuis le premier mot jusqu'au dernier. M. Lussy a le mérite incontestable de l'avoir mise en pleine lumière et d'en avoir tiré une série de conséquences nouvelles. La sagacité avec laquelle il tourne cette idée et la retourne, la sûreté de jugement avec laquelle il l'applique aux prescriptions tantôt les plus générales, tantôt les plus spéciales et les plus délicates de l'enseignement musical, lui ont valu des éloges auxquels je suis heureux de m'associer. Cette idée, à lui donner une forme aussi concise que possible, c'est que l'expression musicale consiste essentiellement dans des *irrégularités métriques, rythmiques, tonales* et *modales*. » (Ch. Lévêque, membre de l'Institut, professeur de philosophie au Collège de France. *Journal des savants*. Juin 1880.)

« . . . . Parmi les auteurs proprement dits, M. Mathis Lussy a particulièrement attiré l'attention du jury, comme d'ailleurs celle de l'Institut, qui a couronné son travail (*l'Histoire de la notation musicale*)[1]. Presque à la même époque, M. Lussy a entrepris de ramener l'*expression musicale* à une théorie scientifique. Cette fois, on trouve réunis dans leur proportion et leur rôle l'art et la science. Il y a une diction musicale qui ne dépend ni du caprice de l'exécutant, ni des qualités particulières de son organe ou de son instrument : elle est en rapport direct avec les phénomènes que l'analyse peut saisir et déterminer, et avec la loi qui domine ces phénomènes. On peut sentir la phrase et la définir mathématiquement : c'est de l'esthétique positive et surtout intelligible, condition importante du travail, car il faut, pour ramener au vrai l'exécutant et forcer, par exemple, le chanteur à respecter le sens ou à donner l'accent juste de cette langue spéciale, lui faire comprendre sans ambages la psychologie de cette étude. En un mot, il faut être didactique avec simplicité, parler au nom de l'expérience et de l'observation. Un jour viendra où la musique sera reliée à la philosophie, comme elle l'est depuis longtemps à la physique. M. *Lussy, qui a écrit la première page de cette science nouvelle*, méritait que son œuvre restât attachée par une récompense aux souvenirs de 1878. »

(*L'enseignement de la musique* à notre dernière Exposition universelle, 1878. Rapport de M. Emile Chasles, inspecteur général de l'instruction publique et secrétaire du comité de la classe VII.)

D'abord, que je vous dise que je suis enchanté, ravi de savoir que votre *Traité de l'expression* est terminé. C'est un ouvrage remarquable, *original*, sérieusement utile ; *vous y avez formulé, pour la première fois, les principes fondamentaux de la diction et de l'expression musicales*......

(Gevaert, maître de chapelle de S. M. le roi des Belges, directeur du Conservatoire royal de Bruxelles, associé étranger de l'Institut de France, etc., etc.)

En traitant, le *premier*, d'une manière scientifique et avec un tel bonheur, une partie complètement négligée de la théorie musicale, *le rythme*, vous vous êtes acquis le grand mérite que votre livre gardera toujours sa haute et indépendante valeur à côté *de celui de Westphal*.

(Philippe Spitta, professeur à l'Université de Berlin, secrétaire perpétuel de l'Académie royale des beaux-arts.)

Professeurs et élèves pourront puiser dans votre traité de précieux conseils et des *principes certains* sur la manière d'interpréter, dans le sentiment et la couleur voulue, les œuvres des maîtres.

(Marmontel, professeur au Conservatoire de Paris, chevalier de la Légion d'honneur.)

Voltaire disait à Grétry : « Vous êtes musicien et vous avez de l'esprit! » Que vous aurait-il dit, à vous, philosophe, logicien, esthéticien et grand musicien aussi? Votre livre devrait avoir pour titre : *Philosophie de l'exécution musicale*. Ce n'est qu'à notre époque si féconde en misères et en grandeurs qu'un pareil ouvrage pouvait être écrit.

Vous êtes à la fois le *Victor Cousin* et le *Claude Bernard* de l'analyse musicale. Par des procédés de l'analyse psychologique et physiologique la plus délicate, la plus judicieuse, vous nous expliquez ce que nous ne faisions que sentir. (G. Mathias, professeur au Conservatoire de Paris, chevalier de la Légion d'honneur.)

Vous avez résolu un problème considéré jusqu'à ce jour comme insoluble. Vous avez bien mérité de l'art, et je ne doute pas que le public et les compositeurs surtout ne vous en soient reconnaissants.

(Félicien David.)

Je n'hésite point à vous accorder le prix d'une très ingénieuse et scientifique solution du problème en question. C'est donc de nouveau aux Français que nous devons l'impulsion à cultiver *une nouvelle branche de la science musicale*. (Hugo Riemann, docteur de musique à l'Université de Leipzig.)

Ce livre, en traitant une matière jusqu'à présent inexplorée, révèle dans son auteur une grande finesse d'observation et d'analyse, jointe à une puissante faculté de synthèse et une vaste érudition. J'aimerais le voir traduit en italien à l'avantage de la généralité des musiciens mes compatriotes.

(Casamorata, président de l'Institut royal de musique de Florence.)

---

1. En collaboration de M. Ernest David.

UNIQUE MÉDAILLE POUR LA MUSIQUE A L'EXPOSITION UNIVERSELLE DE VIENNE 1873
Plus haute récompense à celle de Paris 1878. 1er prix à l'exposition de Melbourne, 1880
OUVRAGE ADOPTÉ DANS LES CLASSES DU CONSERVATOIRE DE BRUXELLES
ET DANS LES ÉCOLES DE LA VILLE DE PARIS

TRAITÉ
DE
L'EXPRESSION MUSICALE

ACCENTS, NUANCES ET MOUVEMENTS
DANS LA MUSIQUE VOCALE ET INSTRUMENTALE

« Évidemment, il y a une manière d'exécuter qui, si elle était connue des musiciens, exclurait toute autre exécution. »
(REICHA, Traité de Mélodie.)

PAR
Mathis LUSSY
LAURÉAT DE L'INSTITUT

5e ÉDITION REVUE ET CORRIGÉE

Prix : 10 francs

PARIS
AU MÉNESTREL, 2 BIS, RUE VIVIENNE
HEUGEL ET Cie
ÉDITEURS DES SOLFÈGES ET MÉTHODES DU CONSERVATOIRE
1885

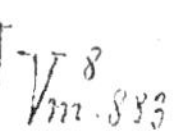

RÉFORME DANS L'ENSEIGNEMENT DU PIANO

(COURS NORMAL COMPLET)

EXERCICES DE PIANO

DANS TOUS LES TONS MAJEURS ET MINEURS

A COMPOSER ET A ÉCRIRE PAR L'ÉLÈVE

OUVRAGE APPROUVÉ PAR MM. ROSSINI, MEYERBEER, AUBER, LISZT, THALBERG, MOSCHELÈS, MARMONTEL, LE COUPPEY, GEORGES MATHIAS, JULES BENEDICT, ETC.

NOUVELLE ÉDITION. — PRIX NET : 4 FRANCS.

Paris, Heugel Fils et Cie

Monsieur,

Le principe fondamental de votre méthode qui consiste « dans la continuelle mise en activité des facultés intellectuelles de l'élève », est aussi rationnel qu'excellemment fécond.

On a eu tant à souffrir des inconvénients de toute espèce qu'importe la routine dans l'enseignement du piano, qu'il était opportun d'y remédier, et nous savons de reste que, moyennant les errements d'usage, on ne réussit qu'à former des légions d'automates fastidieux, auxquels on peut, sans injustice, préférer l'habileté et le charme des *pianos mécaniques*, — invention progressive — dont, pour ma part, je recommanderais volontiers l'emploi exclusif à beaucoup de prétendus pianistes.

Pour obtenir des résultats moins décevants, il faudra résolûment en appeler à l'intelligence et des élèves des maîtres, *se conformer à votre méthode* en associant à l'exercice du mécanisme les plus nobles facultés de l'âme humaine, et pourvoir à leur prédominance légitime. En conséquence, l'enseignement *simultané* des notions d'harmonie et des éléments constitutifs de la musique avec celui des procédés du doigté devient indispensable.

L'étude *manouvrière* du clavier n'est profitable à la bonne pratique de l'art qu'à la condition d'y joindre d'autres ingrédients. Dès le commencement des études de l'élève, il importe de le familiariser avec les tonalités, la transposition, le rythme, etc., et à cet effet on ne saurait trop conseiller de mettre à la fois l'intelligence en jeu *et la plume à la main*. De même qu'on apprend aux enfants à lire et à écrire des mots, il est nécessaire d'apprendre à lire et à écrire des accords à tous ceux qui s'appliquent à la musique, sous peine de les voir se décourager ou s'hébéter d'une façon plus ou moins laborieuse.

Cette règle si simple et d'une utilité si évidente n'est suivie que par exception (et parfois trop tard) jusqu'ici. Aussi voyons et entendons-nous, hélas! de toutes parts les déplorables effets de l'ignorance musicale qui provient du manque d'habitude de la notation.

En espérant que votre étude contribuera efficacement à établir la pratique raisonnée et générale de l'*écriture* parmi les pianistes, je vous prie d'agréer, Monsieur, avec les meilleurs vœux pour le succès de vos efforts, l'assurance de mes sentiments d'estime et de considération très distingués.

Rome, 14 janvier 1864. F. LISZT.

Monsieur,

Je viens vous remercier d'avoir bien voulu m'envoyer votre *Réforme*. Je parcours ses pages et j'y trouve tout le mérite que mes confrères artistiques lui accordent : je me joins donc à eux de bon droit et de tout cœur. Je trouve votre idée — d'enseigner l'harmonie à tous vos élèves, de leur donner la faculté si rare de comprendre et de manier l'harmonie, tout en apprenant à manier le clavier — excellente, et je vous souhaite bien des succès.

Agréez, Monsieur, l'assurance de toute ma considération.

Leipzig, le 18 décembre 1863. IGNACE MOSCHELÈS,

Professeur au Conservatoire de Leipzig.

Monsieur,

J'ai examiné avec beaucoup d'attention votre ouvrage intéressant et ingénieux : *Réforme dans l'enseignement du piano*. Je m'associe de grand cœur à mes illustres collègues de Paris, qui ont été frappés comme moi de la justesse de vos observations et de l'admirable simplicité et clarté de vos exercices, dont *les élèves pourront eux-mêmes varier les formes à l'infini* en suivant vos excellents conseils.

En vous souhaitant tout le succès que votre travail mérite, je vous prie d'agréer l'expression de mes sentiments les plus distingués.

Londres, 10 novembre 1863. JULES BENEDICT (de Londres).

Monsieur,

Je partage complètement l'opinion émise par mes amis et collègues, MM. MARMONTEL et MATHIAS, sur votre *Réforme dans l'enseignement du piano*. Je viens donc vous offrir mon contingent de félicitations et de remerciements. Oui, Monsieur Lussy, votre PETITE BIBLE est de nature à former en peu de temps de bons pianistes et musiciens tout à la fois (chose qui n'arrive pas souvent par le temps qui court) ! Du succès et du bonheur dans cet art qui me tient à cœur, voilà ce que vous souhaite

Votre admirateur, G. ROSSINI.

Cher Monsieur,

Après avoir lu avec beaucoup d'attention et d'intérêt votre ouvrage sur la *Réforme dans l'enseignement du piano*, je viens vous féliciter sincèrement de votre heureuse idée, espérant que les professeurs et les élèves voudront bien vous seconder.

Recevez, Monsieur, l'expression de ma parfaite considération. S. THALBERG.

UNIQUE MÉDAILLE POUR LA MUSIQUE

A L'EXPOSITION UNIVERSELLE DE VIENNE 1873

Extrait du Rapport officiel : **Ouvrage remarquable en cours de publication** (1)

PLUS HAUTE RÉCOMPENSE A L'EXPOSITION UNIVERSELLE DE PARIS 1878, A CELLE DE MELBOURNE 1880

Ouvrage adopté dans les classes du Conservatoire de musique de Bruxelles, et dans les écoles de la ville de Paris

et honoré de la souscription de M. le Ministre des beaux-arts

---

TRAITÉ
DE L'EXPRESSION MUSICALE

ACCENTS, NUANCES ET MOUVEMENTS

DANS LA MUSIQUE VOCALE ET INSTRUMENTALE

Un livre d'enseignement a rarement la bonne fortune de réussir d'emblée, surtout lorsqu'il s'adresse à des lecteurs à demi informés, et qui, sous prétexte qu'ils sont des professeurs ou des artistes, croiraient déchoir en ouvrant jamais une grammaire. J'ignore si les découvertes que vient de faire l'auteur du TRAITÉ DE L'EXPRESSION MUSICALE, et qu'il expose avec une irrésistible clarté de discussion, triompheront aisément du mauvais vouloir des gens trop instruits pour consentir à prêter l'oreille aux leçons d'une théorie complètement nouvelle ; mais ce que je puis affirmer, c'est que l'homme qui, après vingt ans d'application, d'étude et d'expérience, a produit l'ouvrage que je recommande ici, n'est certes pas un artiste ordinaire. « *Tout est excellent dans ce livre, parce que tout y est mathématiquement vrai* », nous disait naguère le chef d'un conservatoire fort en crédit à cette heure, un de ces princes de l'érudition sur l'autorité desquels on aime toujours à s'appuyer. . . . .

. . . .

Les grands artistes ayant en eux l'observation spontanée des lois de la nature, je doute que cette grammaire de l'expression en augmente beaucoup le nombre ; mais la masse des exécutants ordinaires doit nécessairement

1. Il n'y avait que les 80 premières pages, sur 180, du *Traité de l'Expression* exposées à Vienne.

tirer d'immenses avantages d'un tel enseignement, destiné à substituer les principes rationnels, la règle et la théorie à l'observation empirique. D'ailleurs les grands artistes naissent d'eux-mêmes, inutile de leur préparer la voie : « A celui-là qui s'en occupe le moins, dit Gœthe, et qui n'y pense seulement pas, à celui-là tout est donné, tout va! » Ce qui n'empêche pas que la raison ne vienne fort sagement à son heure pour expliquer et codifier les mystérieuses révélations que les grands inspirés tiennent de Dieu. Aux natures exceptionnelles le don, aux esprits ordinaires le travail, la faculté de s'approprier par l'étude ce que M. Lussy appelle « la divine intuition qui saisit les *irrégularités* tonales, modales, métriques et rythmiques », PRINCIPIUM et FONS de la langue musicale.

(*Revue des Deux-Mondes,* 14 juin 1874.)

. . . . « La grammaire esthétique de l'art musical, en ce qui touche la modalité et la tonalité, sera écrite, j'en suis convaincu. Pour le moment, elle est encore à rédiger.

« Celle de l'accentuation *rythmique, métrique, pathétique,* celle des *nuances* par le mouvement, par « l'intensité, existe depuis huit années. Nous la devons au très habile auteur du *Traité de l'Expression* « *musicale,* M. Mathis Lussy. Cet ingénieux et sagace observateur des diversités expressives a étudié les « maîtres ; il les a épiés, pris sur le fait, en flagrant délit ; il leur a dérobé bon nombre de leurs secrets ; « il a mis ces secrets en vive lumière, au moyen d'exemples sur lesquels chacun peut opérer ses vérifications.

« J'ai analysé son ouvrage dans un autre travail ; j'y renvoie le lecteur (1). Mais c'est ici l'occasion de « rappeler deux traits de ce livre à la fois théorique et pratique : Premièrement, *il est fondé sur la relation* « *directe de la musique avec la psychologie ;* secondement, à part quelques différences de détails, M. Mathis « Lussy reconnaît partout, tantôt implicitement, tantôt explicitement, que la voix et les instruments sont « soumis aux mêmes lois et qu'ils arrivent à l'expression par les mêmes moyens. Il établit cette analogie « essentielle non seulement entre le chant musical et la voix chantée, mais encore, ce qui est aussi juste « que remarquable, entre le chant instrumental et le chant de la voix parlée. »

(*Revue philosophique,* janvier 1883.)

. . . .

Praktisch hat bekanntlich die Kunst der Phrasirung, d. h. des verständniss- und ausdrucksvollen Vortrags der einzelnen musikalischen Phrase und dadurch Belebung des Ganzen, stets einen wichtigen Platz im Studium der französischen Gesangs- und Instrumental-Virtuosen eingenommen, und es ist begreiflich, dass eine Arbeit wie die vorliegende gerade von französischer Seite her in Angriff genommen ist. In diesem Punkte haben wir Deutschen von unsern Nachbarn noch viel zu lernen, denn, nach dem pädagogisch höchst bedenklichen Grundsatz des *Faust :*

« Es trägt Verstand und grader Sinn
« Mit wenig Kunst sich selber vor! »

täuschen sich unsere ausübenden Künstler, wenigstens die jüngeren, nur zu leicht über den Werth der strengen Vortragsstudien und meinen genug gethan zu haben, wenn sie es dahin bringen, die sogenannten technischen Schwierigkeiten zu überwinden, da ja das Uebrige « von selbst » gehe; dass es zweierlei ist, innerlich zu empfinden und seine Empfindungen der Aussenwelt mitzutheilen, sehen sie häufig erst zu spät ein, und pflegen dann das Publikum der Kälte und des Unverstandes zu beschuldigen, während die Ursache ihres Nichterfolges lediglich auf ihrer Seite in der Vernachlässigung der Grundregeln des Vortrags zu suchen ist. Diesem Mangel in unserer musikalischen Erziehung abzuhelfen, ist das Lussy'sche Buch durchaus geeignet, indem es an hunderten von Beispielen nachweist, durch welche scheinbar geringe Mittel, Accentuirung dieser oder jener Note, Beschleunigung oder Zurückhalten der Melodie oder auch nur eines Theiles derselben, das grosse Ziel erreicht wird, den musikalischen Sinn des Hörers kräftig zu erregen.

(*Deutsche Musiker-Zeitung.* Berlin, 24 juillet 1880.)

. . . .

Having now reached the end of the volume, we lay it down, assured that M. Lussy has made one of the most valuable contributions of modern times to the literature of music. His work takes up ground which no other essay fills; it deals clearly and forcibly with a subject comprising all that gives vitality and significance to musical sounds; and it is based upon natural laws, which, though they have always been in force, were never before tabulated so as to be of general service.

(WESTMINSTER REVIEW, *janvier* 1876.)

---

1. *Journal des Savants,* cahier de juin 1880 ; *Bulletin des Comptes rendus de l'Académie des sciences morales et politiques,* décembre 1880.

Schon vor fast drei Decennien klagte Rch. Wagner in seiner (im Hinblick auf die darin niedergelegten unschätzbaren Fingerzeige viel zu wenig bekannt gewordenen) Denkschrift über Gründung einer kgl. Musikschule zu München über die trostlose Leb- und Farblosigkeit, mit welcher in Deutschland « lymphatische Dirigenten » unsere classischen Meisterwerke noch immer abspielen und absingen lassen, weil sie sich an die unglaublich bornirte Behauptung anklammern : dieselben müssten genau nach den von Bach bis Mozart noch sehr dürftig angegebenen Vortragszeichen in sterilster Monotonie ausgeführt werden. Wir ersehen hieraus, welche höchst empfindliche, grosse Lücke in der künstlerischen Erziehung des angehenden reproducirenden Künstlers noch immer der Ausfüllung harrt, und um so freudiger ist es, vorliegendes Lehrbuch von Lussy (preisgekrönten Laureaten des Instituts von Frankreich) zu begrüssen, weil es in wesentlichem Grade dazu berufen, diese Lücke auszufüllen, d. h. eine Basis für diesen hochwichtigen Theil des Unterrichts zu schaffen. . . . .

Wie schon aus dieser reichen Anordnung des Stoffes ersichtlich, unternimmt Lussy, ohne die Verdienste eines Hauptmann, Westphal, etc., nach dieser Seite zu übersehen, hiermit zum ersten Male eine erschöpfendere Erforschung und Feststellung der Gesetze des musikalischen Ausdrucks, leitet die Aufmerksamkeit auf die Wichtigkeit richtiger Accentuirung und Schattirung, sowie scharf ausgeprägter Rhythmik, nach welcher Seite wir von den Franzosen noch wesentlich zu lernen haben, und rügt die in dieser Beziehung noch oft in Compositionen vorkommenden Nachlässigkeiten der Schreibweise. Trägt doch die Vernachlässigung der Grundregeln des Vortrags in so hohem Grade die Schuld, dass die Darstellungen so vieler Künstler trotz aller innern Empfindung häufig einen auffallend gefühllosen Eindruck machen. Auch das trägt jedenfalls zur äusseren Empfehlung dieses durch zahlreiche Notenbeispiele erläuterten, sorgfältig aufs Neue durchgearbeiteten Werkes bei, dass es bereits in vierter Auflage erschienen ist. Harrt auch Manches in diesem Werke noch erschöpfenderer Vertiefung, so wünschen wir doch, im Interesse dieses hochwichtigen Gebietes recht bald in den Besitz einer guten deutschen Uebersetzung zu gelangen.

(*Neue Zeitschrift für Musik.* — Leipzig, 9. März 1883.)

Selten wohl hat eine, wenigstens in ihrer Art und umfassenden Durchführung neue Behandlung eines so schwierigen Gegenstandes eine so vorzügliche und für die praktische Anwendung so geeignete Lösung der Aufgabe erreicht. Lussy hat aus den Werken der Tonmeister, deren Talent, deren Genie uns unmittelbar und instinctiv die Gesetze der Tonkunst offenbaren, nach vieljährigen Studien eine Grammatik des Ausdrucks, des Vortrags entwickelt. Er hat mit bewunderungswerthem Scharfsinn und analytischem Geist, mit vollkommener Bestimmtheit und Klarheit die Grundsätze und die erzeugenden Motive des musikalischen Ausdrucks in ihren Erscheinungen erklärt; er hat mit unabweislicher Logik und allgemein verständlich die im Wesen und in den Tonsprachformeln der Musik beruhenden allgemein giltigen Regeln für denselben festgestellt, methodisch classificirt, und seine Lehrsätze durch zahlreichste Beispiele mit der Analyse der rhythmischen, melodischen und harmonischen Construction eines Musiksatzes, seiner einzelnen Tonglieder und Figuren bewiesen.

Ganz besonders hervorragend in Lussy's Werk erscheinen die Capitel über musikalische Phrasirung, über die Accente und ihre Nuancen in irregulären Rhythmen, über die musikalische Prosodie (Anwendung der Worte in der Musik) und über die pathetische Accentuation und leidenschaftliche Bewegung.

Lussy's Theorie des Ausdrucks bekräftigt die Wahrheit, dass zum künstlerisch guten Vortrag eines Musikstücks nicht nur virtuose Technik und eine sogenannte musikalische Behandlung genüge. Indem sie das Urtheil zur Erkenntniss der richtigen Ausdrucksweise leitet, zeigt sie die Verwerflichkeit der willkürlichen Ausdrucksmanieren, wodurch die zahlreichen gewöhnlichen Virtuosen der Gegenwart nicht etwa in Folge eines Impulses ihrer Individualität, sondern aus Mangel an Befähigung und Bildung, die Werke bedeutender Tondichter so oft in ihrer Reproduction verunstalten. Lussy's Werk lehrt, vor der Ausführung eines Tonstücks, dessen Gedankeninhalt in seiner charakteristischen Eigenthümlichkeit durch die genaue Beobachtung seiner formellen Tongestaltung und ihrer natürlichen Regeln mit richtigem *Eindruck* zu begreifen und die demselben entsprechende *Wiedergabe* dafür in Behandlung und Ausdruck zu suchen; es gesellt zum musikalischen Gefühl die leitende und klärende Hilfe der Regel, der Deduktion des Verstandes; es führt den Lernenden zur geistigen Arbeit und öffnet ihm das weite Reich der musikalischen Aesthetik. . . . .

(C. Banck, *Dresdner Journal*, 22 juin 1882.)

. . . . Ihr *Traité de l'expression* wird ohne Zweifel auf die musikalische Aesthetik einen grossen und glücklichen Einfluss haben.

J. Raff.

Nur auserlesenen Geistern ist es eigen, selbst im Gewirre der metaphysischen Funktionen, das immerwiederkehrende Naturgesetz zu erfassen und ans Tagelicht zu befördern. Sie sind ins Eingeweide der Musik gedrungen und haben sich durch ihre That jeden Musiker, der nicht allein auf dem instinktiven Standpunkte steht, verpflichtet.

Adalbert von Goldschmied.

A

Monsieur F. A. GEVAERT

Maitre de Chapelle de S. M. le Roi des Belges,
Directeur du Conservatoire royal de Bruxelles, Membre de l'Académie de Belgique,
Associé étranger de l'Institut de France, etc.

A vous, cher Maître, cet essai. Tandis que d'illustres Compositeurs et Théoriciens me déclaraient qu'un Traité de l'Expression était impossible, vous, cher Maître, vous m'avez encouragé, aidé de vos précieux conseils. Grâce à vos encouragements, la science musicale s'est enrichie d'une branche nouvelle: la connaissance des lois de l'expression; l'enseignement possède un ensemble de règles positives dont l'observation permet à chaque musicien d'exécuter d'une manière expressive, artistique toutes les œuvres musicales, depuis l'humble romance jusqu'aux compositions transcendantes de nos immortels Compositeurs.

Daignez donc, cher Maître, regarder ce modeste ouvrage comme votre filleul. Accordez-lui votre puissante et paternelle protection, et recevez l'expression de la plus chaleureuse reconnaissance de votre admirateur,

LUSSY.

Cher Monsieur Lussy,

Je suis enchanté, ravi de savoir que votre Traité de l'Expression *est terminé.*

C'est un ouvrage remarquable, original, *sérieusement utile; vous y avez formulé, pour la première fois, les principes fondamentaux de la diction et de l'expression musicales.... J'en accepte avec plaisir la dédicace, et je vous promets d'employer mes efforts et l'influence personnelle que je puis avoir à le propager dans le monde musical.*

Recevez l'expression des sentiments les plus sympathiques de votre tout dévoué

F. A. GEVAERT.

PRÉFACE

Dans ces derniers temps la vulgarisation de la musique a fait des progrès étonnants. Seule l'*Expression*, âme de la musique, est restée le privilége naturel de quelques rares aptitudes. Aussi rencontre-t-on généralement beaucoup plus d'habiles exécutants que de musiciens jouant avec expression. Ce fait tient à deux causes principales.

D'une part, s'il est vrai, qu'autrefois les seules personnes poussées par une vocation artistique s'adonnaient à la musique, aujourd'hui nos mœurs, nos convenances sociales veulent que tout le monde la cultive. Or, tout le monde n'a pas le sentiment musical.

D'autre part, l'enseignement de la musique ne possède aucun livre qui fournisse des *règles* ou des instructions pratiques pour *accentuer, nuancer, mouvementer,* en un mot, exécuter d'une manière *expressive* le thème le plus facile, à plus forte raison une œuvre difficile.

Sans doute, des professeurs éminents sont venus au secours des exécutants auxquels le sentiment musical fait défaut. Ils ont *accentué, nuancé, rhythmé* une partie des œuvres vocales et instrumentales de nos immortels compositeurs. Par l'observation stricte de leurs indications, l'exécutant le moins bien doué parvient à se donner quelque apparence artistique. Mais ces professeurs ne peuvent annoter ainsi toute la musique. Le pourraient-ils, cela ne ferait pas connaître à l'exécutant la *raison d'être* de ces annotations.

En effet, ces maîtres n'ont expliqué dans aucun ouvrage la *raison* qui dictait leurs indications et celles-ci ne s'adressent qu'aux yeux, non à l'intelligence. Leurs signes marquent à merveille *où* il faut *accentuer, ralentir, accélérer, etc., etc.,* mais ils n'expliquent pas *pourquoi* il faut jouer ainsi. Or, il s'agit précisément de savoir pourquoi le sentiment incite à jouer d'une manière de préférence à une autre : *piano* plutôt que *forte, rallentando* plutôt qu'*accelerando.* Les musiciens croient s'abandonner au caprice de leur imagination, ignorant que, même dans l'exécution musicale, tout est cause et effet, rapport et loi, et que, dans une interprétation vraiment artistique, aucune note ne peut être *arbitrairement* accentuée.

Le but de cet ouvrage est d'exposer cette *raison,* jusqu'à présent inconnue, qui guide les artistes et les professeurs dans leur accentuation, et de fournir un ensemble de règles dont l'observation permette à tout exécutant d'annoter et de jouer avec *expression* toute espèce de musique vocale et instrumentale.

Loin de nous la présomption de nous poser comme législateur. Ces règles ne nous appartiennent pas. Les plus grands maîtres les ont observées de tout temps, d'une manière inconsciente; instinctivement les artistes et les gens de goût s'y sont conformés. Notre travail se borne à les avoir découvertes, classées, formulées. Par cette découverte et malgré l'imperfection de notre essai, la lacune que nous signalions dans l'enseignement est comblée; l'empirisme individuel fait place à des procédés scientifiques, l'expression musicale sort du domaine exclusif du *sentiment* et rentre dans celui de la *raison.*

Or, autant le sentiment est individuel et intermittent, autant la raison est générale et constante; éclairer, seconder le premier par la seconde est donc une œuvre essentiellement vulgarisatrice.

Ne serait-il pas précieux que quelques mois consacrés à l'étude de cette *science* permissent à tous les musiciens, non-seulement de s'expliquer la cause des *accents*, des *nuances*, des *rallentando*, des *accelerando*, en un mot de tout ce qu'on peut appeler les phénomènes de l'expression, mais aussi d'exécuter d'une manière *expressive, artistique?* — Telle est notre espérance!

Notre premier désir étant de mettre à la portée de tous ceux qui s'occupent de musique, instrumentale ou vocale, l'application des règles de l'expression musicale, nous avons dû nous résigner, bien à regret, à prendre un certain nombre d'exemples dans la musique moderne. Nous les avons choisis de préférence dans les morceaux très-connus et de moyenne force, écrits pour le chant ou pour le piano, comme représentant, l'un la mélodie, l'autre l'harmonie, sans nous préoccuper de leur valeur artistique. Car les faits générateurs de l'expression résidant dans la contexture de la phrase musicale, *la page la plus futile, — même une danse, — peut, aussi bien qu'une page de Beethoven, offrir des exemples de ces faits, et il importe peu de savoir pour quel instrument celle-ci est spécialement écrite.*

Quant aux procédés d'exécution propres à chaque instrument, c'est évidemment aux professeurs spéciaux à les enseigner.

Pour tirer tout le profit possible de ce livre, on devrait le lire au piano, et jouer au fur et à mesure les exemples.

TRAITÉ

DE L'EXPRESSION MUSICALE.

CHAPITRE PREMIER.

CAUSES GÉNÉRATRICES DE L'EXPRESSION.

Il y a une vingtaine d'années, nous eûmes l'honneur de succéder comme professeur de piano à M. Ravina dans un des grands pensionnats de Paris, dirigé par les religieuses de la Congrégation de la Mère de Dieu. La supérieure, en nous confiant ses élèves, nous dit : « Je veux que vous leur donniez des principes et des règles dont l'observance leur permette « d'exécuter avec expression *non tel ou tel morceau,* aussi facilement oublié que péniblement « appris, *mais tous les morceaux.* »

Ces paroles furent pour nous une révélation. Sentant toute notre incapacité de remplir un programme d'une telle importance, nous nous mîmes en quête d'un *Traité de l'Expression musicale.*

Mais quelle ne fut pas notre déception d'apprendre qu'un tel ouvrage n'existait dans aucune langue. Dès lors nous dûmes chercher dans les *faits* ce que les livres ne nous donnaient pas. Nous avons donc écouté attentivement pendant vingt ans les premiers artistes de notre époque, suivi les évolutions de leur âme et marqué les notes et les passages qui paraissaient plus particulièrement impressionner et exciter leur sentiment ; nous avons, en outre, comparé les diverses *annotations et accentuations* données par les plus grands professeurs, MM. *Moschelès, Marmontel, Le Couppey*, etc., dans leurs éditions des œuvres de *Beethoven, de Mozart*, etc. Par cette observation patiente, par cette étude minutieuse, nous avons acquis la certitude que dans des conjonctures identiques, c'est-à-dire dans les mêmes passages, les artistes manifestent des *expressions identiques* sans autres différences que celles qui résultent de leur délicatesse de sentiment, de leur virtuosité plus ou moins grande[1].

De cette *identité* d'expression, chantée ou écrite, chez les différents artistes, nous avons tiré cette triple conclusion:

1° Tous ont, à degrés divers, éprouvé, en présence des mêmes *textes*, les mêmes *impressions*, car les mêmes effets doivent être attribués aux mêmes causes.

2° Ces *Expressions* variant selon les différentes phrases musicales et non selon les individus qui les produisent, il devient évident que c'est dans la *contexture* de la phrase musicale, dans les *notes*, que réside et qu'il faut chercher la cause de l'expression[2].

3° Le sentiment de ces artistes n'a pas été libre d'accepter ou de répudier les sensations reçues. La concordance de leurs *expressions* prouve que le sentiment reproduit forcément ce qu'il éprouve, sans avoir, peut-être, conscience de cette *nécessité extérieure*, mais sans pouvoir s'y soustraire[3].

Donc, il n'y a rien d'arbitraire dans l'expression; ses phénomènes se reproduisent sous l'empire d'une loi comme tous les phénomènes naturels. Les compositeurs, en accentuant leurs œuvres, obéissent au sentiment, à des lois inconnues et non au caprice. Chaque signe d'expression qu'ils emploient traduit des *sensations* et est destiné à attirer l'attention de l'exécutant sur certaines notes qu'il doit spécialement sentir et faire sentir à son auditoire. Mais n'y eût-il pas un seul signe d'expression, l'artiste véritable jouerait néanmoins comme s'ils y étaient tous, car leur raison d'être n'existerait pas moins. C'est ce que la logique affirme; c'est ce que l'observation constate journellement.

---

1. On nous objectera que la Malibran, la Sontag, la Frezzolini ont chanté un même morceau d'une manière diamétralement opposée, chacune prêtant à sa création une physionomie particulière. Cela ne prouve rien contre notre thèse Chacune de ces cantatrices a dû ses succès et ses triomphes à des qualités particulières; l'une à la perfection d'un instrument très-sympathique, à une virtuosité prodigieuse; l'autre à un sentiment puissant et délicat, à un goût exquis, etc.....

2. La *Contexture*, c'est l'image qu'un dessin rhythmique offre à l'œil; c'est ce qui distingue un rhythme d'un autre Elle résulte du nombre des notes que renferme chaque temps, de leur valeur, de leur marche ascendante ou descendante, de leur succession par degré conjoint ou disjoint, des accidents, dièses ou bémols que le chant contient, du nombre de ses parties, etc.....

3. Il est vraiment étonnant qu'on ait pu attribuer au sentiment et au caprice le rôle générateur de l'expression. Sentir c'est subir l'aiguillon d'une nécessité: on ne sent pas librement mais forcément. Toute organisation douée de sentiment est ébranlée par certains faits. Les phénomènes les plus énergiques ne produisent aucune impression sur une faculté engourdie, émoussée. Inversement, le sentiment le plus délicat reste inerte, si certains faits ne viennent le mettre en vibration et exciter son activité. *L'impression* et *l'expression* sont donc en raison de la force des faits qui produisent le choc et de la délicatesse du sentiment qui le reçoit et le reproduit. Si l'exécutant est doué du sentiment de l'expression, il sera choqué par les notes *irrégulières* et il *exprimera* ses sensations; s'il est insensible, son exécution, peut-être correcte, sera à coup sûr froide et machinale.

Ainsi donc les musiciens *pressent, ralentissent*, déploient de la force, de la chaleur ou refrènent leur fougue et lui préfèrent la morbidesse, non au gré de leur caprice, mais sous l'impulsion irrésistible de certaines notes. Le rôle du sentiment se borne donc à celui de révélateur des impressions reçues.

Quant au compositeur, la seule liberté qui lui reste, la phrase une fois faite, est celle d'indiquer ou de passer sous silence les notes, les passages qui l'ont particulièrement impressionné. Encore se peut-il que certaines de ces notes ou certains de ces passages n'aient produit aucune impression sur lui, tandis qu'ils excitent vivement le sentiment de celui qui les exécute, provoquant ainsi des effets d'expression ignorés par l'auteur lui-même.

Les causes génératrices de l'expression, résidant dans la phrase musicale, doivent évidemment revêtir des *formes purement matérielles,* susceptibles d'être *observées* et soumises à l'analyse et à la synthèse. Un *Traité de l'Expression musicale* est donc possible tout comme un *Traité d'harmonie* ou de *mélodie*[1].

Pour réaliser un tel ouvrage, il suffit de chercher les notes et les passages qui ont plus particulièrement la puissance d'impressionner et d'exciter le sentiment de l'exécutant, de les classer, de découvrir la *cause* et de déterminer le mode de leur action sur le sentiment; enfin, de formuler la loi de cette action.

C'est ce que nous avons tenté dans cet essai et non sans quelque apparence de succès, du moins nous osons l'espérer; car l'expérience confirme et sanctionne d'une manière frappante, et sous tous les aspects, les règles que nous avons formulées.

Qu'on nous donne une page de musique, soit vocale, soit instrumentale, dépourvue d'*annotations* et d'*accentuation*, et à la simple inspection, en jetant un regard attentif sur la contexture générale de ses phrases, sur le dessin des rhythmes, sur les évolutions ascendantes ou descendantes, soit dans le chant, soit dans l'accompagnement, sur la rupture des marches par degré conjoint ou disjoint, sur les accidents chromatiques, les notes à valeur exceptionnelle, etc., nous trouverons et indiquerons les notes et passages où tout artiste, non prévenu, mettra des accents, de l'emphase, de la chaleur, où il accélérera, où il ralentira, etc. Jamais les plus grands artistes italiens, allemands et français n'ont donné par leur interprétation un démenti à nos prévisions[2].

Qu'on prenne, d'autre part, dans la première édition venue, dépourvue d'annotations, les différents morceaux formant une collection quelconque, publiés, annotés par un artiste en renom, par exemple l'*École du chant* de Mme *Viardot-Garcia*[3], qu'on y mette les *accents*, les *nuances*, les *mouvements passionnels*, etc., tels que les donnent nos règles, puis, qu'on compare l'annotation ainsi obtenue à celle que donne pour le même morceau Mme *Viardot-Garcia,* et si l'on y trouve quelques différences, elles feront voir, ce nous semble, l'avantage que procure à l'instinct et au sentiment le secours de la théorie.

Qu'on prenne enfin quelques *Sonates* de *Beethoven*, de *Mozart*, etc., qu'on les accentue conformément à nos règles et que l'on compare l'accentuation ainsi fournie à celle que donnent *Moschelès, Marmontel, Le Couppey,* le résultat sera le même. Or, *Moschelès* a personnellement connu *Beethoven;* son édition des œuvres de *Beethoven*, de *Mozart*, etc., a une réputation universelle; mieux que personne il sait comment *Beethoven* accentuait ses

---

1. Quelques auteurs n'ont pas craint d'en déclarer la conception irréalisable et de condamner ainsi par avance toute tentative didactique faite dans ce sens. D'après eux l'expression est quelque chose de si vague, de si fugitif, de si insaisissable, qu'on ne saurait la ramener à des formules positives, scientifiques. Sans doute les faits qui éveillent et excitent le sentiment musical sont fugitifs, mais ils ne sont pas insaisissables. On ne sent pas ce qui n'existe pas. Leur réalité s'affirme donc dans les impressions et les sensations qu'ils engendrent. Pour exciter ainsi le sentiment et en faire jaillir l'expression, ne faut-il pas qu'ils soient une réalité matérielle et par conséquent susceptibles d'observation?

2. On pourrait peut-être croire que cette aptitude nous est personnelle et que nous la devons à une longue pratique. C'est une erreur. Tous les musiciens, au bout de quelques heures consacrées à l'étude de ce Traité, en feront autant. Tous les jours il nous arrive d'écrire, sur un tableau noir, soit des romances, soit de simples leçons de solfége, et au bout de quelques leçons des élèves de 12 à 15 ans en indiquent à merveille tous les *accents, nuances* et *mouvements.*

3. Paris, chez Gérard. Voir aussi: *le Répertoire du Chanteur,* chez Brandus; *Voix d'Italie,* paroles françaises par Alexis Azévédo, chez Girod; *les Gloires d'Italie,* par MM. Gevaert et V. Wilder, chez Heugel.

œuvres, et il nous donne ainsi la véritable manière de les interpréter. Donc si nous réussissons dans ces cas, on devra nous permettre de croire que nous réussirons de même partout, toujours et chez tous les auteurs.

On accusera peut-être ces règles de porter atteinte à la libre manifestation du sentiment. Il n'en est rien. L'artiste sera toujours libre de choisir les procédés d'exécution, la force, la délicatesse qui conviennent à tel ou tel passage. Ces règles lui laisseront en outre, par la nature du son, par cette sorte de fluide magnétique qui échappe à l'analyse, toute la latitude désirable pour manifester son individualité.

La liberté d'interprétation a d'ailleurs ses limites comme toutes les libertés, limites imposées par les lois de l'expression. Si les lois que nous donnons sont la formule exacte des rapports entre le sentiment et les causes des phénomènes de l'expression, nul ne peut s'y soustraire sans tomber dans la licence. Mais pour se soumettre à des lois, il faut évidemment les connaître. Donc ignorance se confond nécessairement avec licence, science avec liberté !

Faudrait-il, sous prétexte de liberté, exécuter plutôt comme les musiciens de carrefour que selon les règles qui ont guidé nos immortels artistes?..

Quant aux artistes dont le génie pénétrant a l'intuition de ces lois et dont les œuvres nous fournissent les éléments de notre induction pédagogique, nos règles ne sauraient se trouver en contradiction avec leur sentiment, puisqu'elles ne sont que la généralisation de leurs procédés intuitifs. La théorie dont cette réglementation est sortie leur fournira au contraire, par l'analyse rationnelle des impressions qu'ils ont subies, une conscience plus nette de leur génie.

CHAPITRE II.

THÉORIE DE L'EXPRESSION MUSICALE[1].

La musique ou plutôt le chant moderne se compose de trois éléments principaux :

1° La *gamme* ou la *tonalité* dans son double mode : le *majeur* et le *mineur*, c'est-à-dire la réunion des *sept fonctions* que les divers *sons* sont capables de remplir tour à tour, l'influence *attractive* que ces fonctions exercent entre elles et leur subordination à la *tonique* ou première note de la gamme[2] ;

---

1. *Ex*, dehors ; *expression*, c'est le contraire d'*im-pression*.

2. La tonique seule possède la propriété de pouvoir terminer définitivement une phrase musicale. Enlevez la dernière note d'un air, même d'une simple gamme, et le sens en est suspendu, tronqué ; or, la dernière note d'un air est toujours une tonique. Il faut aussi remarquer qu'à la fin d'un air ce n'est pas la tonique qui attire, c'est elle, au contraire, qui est demandée par les autres notes.

Pour nous *gamme* et *tonalité* sont synonymes. Cependant il nous semble que le mot *gamme* désigne plutôt un fait physique, acoustique : la *fixité* conservée dans toutes les gammes, quel qu'en soit le point de départ, des rapports numériques entre les sept notes qui les constituent ; celui de *tonalité*, au contraire, se rapporte à un fait psychologique, à l'effet que ces notes produisent sur le sentiment, à la faculté qu'elles ont de pouvoir éveiller en nous le désir d'entendre tel *son* plutôt que tel autre.

Nous disons que le nombre des fonctions est de sept. Mais ces fonctions sont *mobiles*. Chaque *son* est apte à les remplir toutes, tour à tour. Il peut donc arriver que, dans un même air, on fasse passer la fonction de *tonique* sur un *son* plus haut ou plus bas que celui qui, au commencement de l'air, en remplissait les fonctions. C'est ce déplacement qu'on appelle *modulation*. Le changement de la *tonique* entraîne naturellement un déplacement analogue pour toutes les autres fonctions, puisque les rapports numériques entre elles sont fixes et invariables. C'est comme si on plaçait une échelle, selon les différents besoins, tantôt plus haut, tantôt plus bas. Chaque son pouvant être arbitrairement pris pour *tonique* et les sons étant en nombre infini, on peut avoir un nombre infini de gammes partant chacune d'une hauteur différente, mais produisant toutes le même air.

Ici nous nous permettons d'attirer l'attention des compositeurs sur la *caractéristique* des gammes, si négligée en France, et à laquelle les compositeurs classiques attachent une importance capitale. Ils cherchent le plus possible une gamme qui soit conforme aux sentiments qu'ils veulent exprimer. Il est certain qu'un air chanté dans toutes les gammes conserve son identité. Sur ce fait est basée la *transposition*, opération qui a pour but de jouer ou de chanter dans toutes les gammes et de mettre à la portée de toutes les voix un air quelconque. Il n'est pas moins vrai que l'oreille exercée de l'artiste reconnaît et distingue une gamme d'une autre ; chacune ayant un cachet particulier, une puissance de sonorité, de douceur, de dureté, d'acuité, qui la caractérisent. Au piano, les gammes ayant des ♭ sont plus douces que celles qui ont des ♯. La cause en réside dans le *tempérament*, c'est-à-dire dans l'ensemble des procédés que les accordeurs

2° La *mesure*, c'est-à-dire le retour périodique, à courtes distances, d'un *son plus fort*, coupant un morceau de musique en petits fragments, appelés mesures, ayant tous une égale valeur ou durée;

3° Le *rhythme*, c'est-à-dire le retour périodique de 2 en 2, de 3 en 3 ou de 4 en 4 mesures des *mêmes valeurs* formant ainsi des groupes, des dessins symétriques, dont chacun contient un membre de phrase musicale correspondant à un vers de la poésie.

Ces trois éléments ont imprimé à notre sentiment le triple besoin d'*attraction*, de *régularité* et de *symétrie*, et l'ont habitué à une logique extrêmement prompte, mais étroite et routinière. En d'autres termes, la musique moderne a inculqué à notre oreille le triple désir :

1° D'entendre tel *son* de préférence à tel autre, surtout pour note finale;

2° De percevoir régulièrement un son fort de 2 en 2, de 3 en 3, de 4 en 4;

3° De pressentir, d'entrevoir une certaine symétrie dans l'arrangement des sons qui constituent les groupes successifs.

---

emploient pour remplacer les deux notes *enharmoniques* que la théorie et la pratique signalent entre deux notes formant une *seconde majeure* ou un *ton*, par une seule note *chromatique*. Sur le violon on démontre avec évidence que le *do* ♯ ne produit pas le même son que le *ré* ♭; que le *do* ♯ est plus haut que le *ré* ♭. Par conséquent ces notes se trouvent séparées par un petit intervalle appelé *comma*. Or, le piano, l'orgue et l'harmonium, au lieu d'offrir deux touches noires entre *do* et *ré*, entre *ré* et *mi*, etc., n'en offrent qu'une seule qui n'est ni le *do* ♯ ni le *ré* ♭, mais bien un *son intermédiaire*. Il faut remarquer que depuis quelque temps on accorde sur les pianos les ♭ presque justes. Mais plus le ♭ approche de sa justesse absolue, plus le ♯ rendu par la même touche est faux. Il résulte de cette manière d'accorder que les gammes de *la* ♭, *ré* ♭, *sol* ♭ sont douces, presque efféminées, tandis que celles de *mi* ♮, de *si* ♮ sont dures, énergiques. Aussi, les morceaux de genre, les nocturnes, rêveries, etc., sont presque tous avec des ♭. Bien entendu, si on voulait suivre certains théoriciens et prescrire absolument pour chaque sentiment une telle *tonalité*, on tomberait dans l'exagération, sinon dans l'absurde. En effet, plus une gamme a de ♭, plus elle devrait être douce; plus une gamme a de ♯, plus elle devrait être dure. Or, sur le piano les gammes qui ont le plus de ♭, celles de *ré* ♭ et *sol* ♭, font précisément entendre les mêmes sons que celles qui ont le plus de ♯, *do* ♯ et *fa* ♯. Il y a donc impossibilité que les mêmes touches, les mêmes cordes produisent tantôt une gamme douce, tantôt une dure. Néanmoins composer une «Douce Pensée» en *mi* ♮ *majeur*, nous paraît risqué, sinon de mauvais goût, car la gamme de *mi* est une des plus brillantes, des plus énergiques. Quand nous rencontrons une anomalie pareille, nous en profitons pour faire sentir à l'élève la différence *caractéristique* des deux gammes homonymes comme *mi* et *mi* ♭, et pour le familiariser avec la transposition. Cette «Douce Pensée» de Ravina, après l'avoir fait jouer dans le *ton* original en *mi*, nous la lui faisons subitement transposer en *mi* ♭, mettant mentalement, au lieu de 4 ♯, 3 ♭ à la clef. Le morceau gagne en douceur pour certains passages; il perd de l'énergie pour d'autres. En tous cas l'oreille et le sentiment de l'élève en profitent. Cette opération, répétée sur différents morceaux, contribue puissamment à donner à l'élève le *sentiment* de la *tonalité*, qui est la faculté de connaître, à la simple audition d'un air : 1° quel rôle chaque *son* y joue, s'il est *tonique* ou 1re note de la gamme dans laquelle l'air se trouve, s'il est *dominante* (5e note de la gamme), *sensible* ou 7e, etc.; 2° de sentir l'*attraction*, la suprématie qu'exerce la *tonique* sur les autres notes; 3° de sentir l'attraction qui attire les notes d'une gamme les unes vers les autres; 4° enfin, de reconnaître, à la simple audition, dans quelle gamme on joue. Cette dernière faculté est des plus rares, essentiellement spontanée, artistique; elle est difficile à acquérir par la pratique de l'art la plus persévérante, la mieux raisonnée. L'explication en est fort simple, le nombre des tonalités est infini, quoique par l'adoption du *diapason* et le *tempérament* des instruments à cordes fixes on ait cherché à les réduire à douze. Cependant cette faculté existe. Nous avons eu des élèves qui, sur des pianos pris au hasard et à diapasons différents, non-seulement reconnaissaient dans quelle gamme on jouait, mais encore le nom de chaque *son* frappé isolément ou faisant partie de l'agglomération la plus hétérogène.

A peine l'oreille a-t-elle perçu une suite de sons assujettis aux lois de la tonalité, de la mesure et du rhythme, qu'elle *préjuge* et *désire* la succession d'un *groupe analogue* dans la même gamme, dans le même mode et avec la même disposition de notes.

Mais le plus souvent l'oreille est trompée dans son attente. Souvent le groupe attendu renferme soit des notes *étrangères* à la *gamme* et au *mode* du groupe précédent, et susceptibles, par conséquent, de *déplacer la tonique* ou de *changer le mode*, soit des notes asymétriques[1], capables de *briser la régularité* de la mesure et de rompre la *symétrie* du dessin primitif du rhythme.

Quelquefois même il se présente des notes qui, à la fois, déplacent la *tonique*, changent le *mode* et détruisent la *régularité* de la mesure et la *symétrie* des rhythmes.

Or, ce sont précisément ces notes imprévues, irrégulières, exceptionnelles, en dehors de la logique musicale, qui ont plus particulièrement la faculté d'impressionner le sentiment.

Éléments d'excitation, de mouvement, de force, de chaleur, de contraste, *ce sont elles* qui engendrent l'*expression*. Voici maintenant leur mode d'action.

Le sentiment pénétré du *besoin d'attraction*, de *régularité* et de *symétrie* est *étonné*[2], désorienté par ces notes imprévues, étranges. Elles trompent son attente, confondent sa logique, gênent et paralysent sa marche régulière, uniforme, routinière. Elles se présentent à lui comme des obstacles.

Encore sous l'empire de l'attraction de la *tonique* première qui lui donnait fixité et repos, et sous le charme de la régularité métrique et rhythmique initiale, le sentiment n'est point disposé à s'en détacher. Avant tout il *fait des efforts* pour s'y cramponner et n'accepte les notes qui tendent à l'en arracher que si elles lui sont pour ainsi dire imposées à force de sonorité. Enfin, sentant que ces notes ne sont pas *fausses* et qu'elles tendent seulement à déterminer une autre gamme ou à former un autre dessin rhythmique, le sentiment cède et accepte la *tonique* nouvelle ou se fond dans le moule du dessin rhythmique nouveau, subjugué par leur puissance attractive ou coercitive : il subit la violence et s'abandonne à la nécessité [3].

Les efforts que fait le sentiment pour se cramponner à la *tonique* de départ ou au moule du premier rhythme, la résistance qu'il oppose à la *tonique* nouvelle et au rhythme nouveau, l'énergie, la force qu'il faut déployer pour lui faire perdre ses désirs et ses habitudes et pour lui en imposer d'autres se traduisent naturellement par une *excitation*, c'est-à-dire par un *crescendo* ou intensité de *son* plus grande, par une *accélération* dans le mouvement, par une production de chaleur plus forte, forcément suivie d'un *decrescendo* gradué, parcourant mille *nuances* délicates, et d'un *ralentissement* proportionnel.

Tels sont les faits qui agissent sur l'âme de l'exécutant, telle est la manière dont ils exercent sur lui leur influence.

---

1. *Asymétrique : a privatif*, qui n'est pas symétrique.

2. Nous employons le mot *étonné* dans sa signification radicale et non figurée. Le préfixe *é* y indique, comme dans les verbes effeuiller, écrêmer, édenter, etc..., privation, enlèvement. Le sentiment est *étonné* quand on lui a ôté la *tonique*, le point d'appui, le centre d'attraction auquel il s'abandonnait machinalement. (Voyez les exemples, *Accent pathétique*.)

3. Voyez *Accent pathétique*. Chose singulière : moins une note est désirée par l'oreille, plus elle lui est antipathique, plus aussi elle doit être forte. On dirait que ce n'est que par violence qu'on parvient à faire oublier à l'oreille ses désirs et à lui en imposer d'autres.

Plus le sentiment de l'exécutant est puissant, c'est-à-dire *plus il est pénétré de l'attraction qu'exerce la tonique sur les autres notes, du besoin de régularité des sons forts et de symétrie des rhythmes, plus les notes* destructives et perturbatrices du *ton*, du *mode*, de la *mesure* et du *rhythme primitifs* sont puissantes, complexes, persistantes, et plus il en est choqué, plus l'activité de sa sensibilité en est excitée, exaltée, plus aussi l'expression qui en résulte, est intense, pénétrante, grandiose[1].

Le sentiment de l'expression musicale n'est donc pas seulement la faculté de sentir vivement les phénomènes de la *tonalité*, de la *modalité*, de la *mesure* et du *rhythme*, c'est surtout l'extrême susceptibilité, l'extrême sensibilité dans la perception des moindres *irrégularités tonales, modales, métriques et rhythmiques*[2].

L'expression musicale est la manifestation des *impressions* que les notes irrégulières, destructives du ton, du mode, de la mesure et du rhythme, produisent sur le sentiment: c'est la révélation des luttes et des agitations dont l'âme est le foyer.

Enfin, le goût est la faculté d'approprier à *l'expression* la force, la chaleur, le mouvement, en parfaite proportion avec l'intensité de *l'impression*. Dans la pratique, le mot goût se traduit par celui de *style*, qui n'est autre chose que l'emploi, sans exagération et d'une manière soutenue, des procédés de force, d'emphase, d'accents, de nuances, de mouvement, qui conviennent à la *contexture* de chaque morceau, de chaque phrase.

Malheureusement, le sentiment de l'expression n'est ni général, ni constant; une foule de musiciens en sont complétement privés; d'autres ne le possèdent que faiblement développé; enfin, chez ceux mêmes que la nature en a le mieux doués, il est assujetti à des *intermittences*, à des *défaillances* regrettables. L'exécutant ne sentant alors ni les *attractions* de la *tonique*, ni le *besoin* de *régularité* des sons forts et de *symétrie* des rhythmes, ni les *exigences* de la *logique* dont nous venons de parler, n'est pas impressionné non plus d'une manière spéciale par les notes *irrégulières*, et il accepte *passivement*, sans résistance, non-seulement les notes les plus *destructives* du *ton*, du *mode* et de la *mesure*, mais encore les irrégularités rhythmiques les plus *disparates*. Aussi les rend-il alors sans chaleur, sans force, sans animation, sans vie, sans poésie: il ne peut *exprimer* ce qui ne l'a pas *impressionné*[3]!

---

1. Nous sommes convaincu que dans la peinture, la sculpture, l'*expression* résulte aussi de faits exceptionnels qui brisent la *régularité* des *lignes*, la *symétrie* du *dessin*, etc..... Est-ce qu'on ne dit pas tous les jours des figures aux traits par trop réguliers qu'elles sont froides, qu'elles manquent d'expression? Dans un autre ordre d'idées: En quoi consistent les sublimes beautés de Shakespeare?

2. Le sentiment musical est une des facultés les plus complexes. Pour n'en parler ici que dans ses rapports avec les phénomènes de l'expression, bornons-nous à rappeler que, parmi les artistes même émérites, les uns sont privés du sentiment des vrais *mouvements*, les autres de celui des *nuances*; à ceux-ci c'est le sentiment de la *mesure* qui fait défaut, à ceux-là celui du *rhythme*. Quelques-uns ne sentent pas la *tonalité*; d'autres, la *modalité*. Nous appelons la réunion de ces diverses facultés, sentiment des phénomènes de l'expression; et, par élision, sentiment de l'expression, si étrange, si paradoxal que ce mot puisse paraître.

3. Qu'on nous permette une comparaison. Le sentiment musical, dans ses rapports avec les notes qui engendrent l'expression, est comme une sorte de plaque photographique; nous dirions volontiers phonographique[a]. Selon sa sensibilité plus ou moins délicate, résultant, *non de la volonté* de l'artiste, mais de ses dispositions actuelles, cette plaque est plus ou moins susceptible de recevoir l'*impression* et par

a Du grec: *Phonos*, son; *phôs*, *phôtos*, lumière.

Il n'en sera plus ainsi désormais. La *science* connaissant les notes qui ont plus particulièrement la faculté d'impressionner et d'exciter les artistes, ainsi que la cause et le mode de leur action sur le sentiment, peut les *signaler* d'avance à l'exécutant, afin qu'il les rende avec force et chaleur.

Désormais, qu'il nous soit permis de le répéter, la science et l'art de l'expression par des *formules* nettement définies, par des *procédés* d'une application facile, provoqueront *artificiellement*, de la part d'un exécutant peu sensible, une chaleur, des accents et des mouvements analogues à ceux que les causes génératrices de l'expression produisent instinctivement dans l'âme ardente des artistes les mieux doués.

Que le professeur attire donc l'attention de l'élève sur la *contexture* des phrases, sur les évolutions harmoniques et mélodiques, sur les *irrégularités tonales, modales, métriques et rhythmiques*, en un mot sur les notes *exceptionnelles, imprévues*, véritables germes esthétiques qui engendrent l'expression et qui exigeront des efforts, des soins spéciaux.

De cette manière il tiendra en haleine l'attention de son élève, il développera sa sensibilité, son habileté, et cultivera en lui la précieuse habitude d'observer, de comparer, d'analyser.

Qui sait? peut-être alors le professeur acquerra-t-il la conviction que souvent c'est moins le sentiment qui fait défaut que sa culture et l'habitude d'observer, de raisonner, de rendre les impressions reçues.

De son côté, l'élève s'appropriant la connaissance des notes génératrices de l'expression, ainsi que les procédés d'exécution qu'emploient les grands artistes pour *exprimer* leurs sensations, s'émancipera. Ce ne sera plus uniquement, aveuglément au sentiment de son maître, ce sera au sien propre, éclairé par la raison et l'étude, qu'il demandera les secrets d'animer, de poétiser les œuvres qu'il exécute!....

---

contre de la réfléchir d'une manière plus ou moins puissante et fidèle. Si elle est engourdie, les exceptions, les irrégularités délicates glisseront sur elle sans laisser de traces; les plus énergiques s'y imprimeront seules. Si, au contraire, elle se trouve éveillée, sensibilisée, les irrégularités les plus imperceptibles, les faits les plus fugitifs s'y imprimeront nettement, exciteront son activité et seront *réfléchis* par elle avec énergie et force. L'artiste comme le simple exécutant joue donc selon les dispositions actuelles de son sentiment; ses efforts sont proportionnés à l'impressionnabilité présente.

CHAPITRE III.

DES PHÉNOMÈNES DE L'EXPRESSION MUSICALE.

Quand vous entendrez exécuter une composition musicale quelconque, prêtez une oreille attentive et vous serez frappés des faits suivants : le chant vous semblera tantôt monter, tantôt descendre ; certains *sons* paraîtront forts, d'autres faibles ; sur les uns on s'appesantira, sur les autres on passera rapidement comme l'éclair. Bientôt vous vous apercevrez que des *sons plus forts* reviennent avec une certaine périodicité. Si le mouvement du morceau est un peu vif, vous ferez instinctivement des balancements de tête, des mouvements de pied, dont les chocs coïncideront avec ces sons forts ; en un mot, vous battrez la *mesure,* tant est irrésistible l'entraînement produit par la régularité de ces *sons forts,* dont chacun commence une *mesure.* Leur but est donc de séparer, comme par une cloison sonore, les sons qui appartiennent à une mesure de ceux qui appartiennent à une autre.

Pour peu que vous possédiez l'instinct musical, vous voilà déjà en possession de l'*accent métrique*[1]. C'est cet accent qui marque et fait sentir la mesure ; c'est lui qui cadence les pas de l'enfant ; c'est lui qui règle la marche des soldats et fournit aux tambours leur cortége de dilettanti grands et petits ; c'est lui enfin qui coordonne les mouvements des marins, des batteurs en grange, des forgerons, des rameurs, etc.

Redoublez d'attention, vous percevrez quelque chose comme des groupes sonores plus ou moins symétriques. Des figures phoniques[2], de véritables arabesques vibrantes se dessineront à votre oreille. Bientôt vous remarquerez que les *sons forts commençant* ces groupes se présentent aussi avec une certaine régularité périodique. Ils ne coïncident pas toujours avec les sons forts qui marquent la mesure, ils vont parfois à leur encontre ; mais ils coïncident avec le commencement des vers et des hémistiches dont ils représentent la ponctuation.

Leur but est de séparer, d'isoler ces groupes sonores, dont chacun contenant une idée musicale, plus ou moins complète, constitue un membre de phrase portant le nom de *rhythme.* Vous voilà en possession de l'*accent rhythmique*[3]. Il s'adresse à l'intelligence.

Encore un effort. Remarquez-vous ces sons sur lesquels l'artiste concentre toute son énergie ? Comme il les met en relief ! Comme il s'y appesantit ! Comme il les enfle, les fait vibrer jusqu'à l'éclat !... Sentez-vous combien les *sons* ainsi exagérés sont indé-

---

1. Voyez *Accent métrique.*

2. Du grec *Phonos*, son ; dessins, figures de sons.

3. Voyez *Accent rhythmique.*

pendants, aussi bien des sons forts marquant la mesure, que de ceux qui délimitent les rhythmes? Nulle coïncidence, nulle *régularité;* ces sons forts détruisent les accents métriques et rhythmiques pour s'approprier plus de force, plus d'éclat.

Que plusieurs de ces sons se produisent sans interruption, et l'exécutant épuisera pour les exprimer toute son énergie, tout son élan. Comme il s'anime! comme il se passionne! comme il s'agite! comme il s'emporte! Il vous entraîne tous, haletants, jusqu'à ce que lançant par un suprême effort, les derniers feux de son âme, sa voix fléchit, succombe et expire en jetant le frisson dans l'auditoire. Voilà l'*accent pathétique*[1] et le *mouvement passionnel.* Ils résultent des efforts faits par l'artiste pour mettre en relief certaines notes *irrégulières,* c'est-à-dire étrangères à la gamme ou au mode dans lesquels la phrase se trouve ou qui brisent la régularité des accents métriques, rompent la symétrie des rhythmes, et, par conséquent, *choquent, heurtent* le sentiment.

Remarquez, enfin, les contrastes qui résultent de la succession des *sons forts* produits par l'exaltation du sentiment, et des *sons faibles* murmurés par sa prostration; les oppositions qui dérivent de l'enchaînement des phrases *forte* et des phrases *piano.* Suivez les gradations insensibles qui vont du *pianissimo* au *fortissimo.* Suivez les *nuances* parcourues par l'artiste depuis les déchaînements de la véhémence jusqu'aux plus doux accents de la tendresse et vous serez en possession des principaux éléments d'une bonne exécution.

Tels sont les phénomènes que présente l'audition attentive d'un beau morceau de musique expressive.

Résumons leur énumération. Les sons forts qui excitent les mouvements de votre tête et de vos pieds font sentir la mesure: ce sont des *accents métriques;* ils s'adressent surtout à l'*instinct musical.*

Les sons forts qui coïncident avec le commencement des vers, des césures, marquent les différentes cadences et repos résultant des phrases et membres de phrases: ce sont des *accents rhythmiques;* ils s'adressent surtout à l'*intelligence musicale* et remplissent en musique la même fonction que la ponctuation dans le discours.

Enfin, les sons forts, distincts des accents métriques et rhythmiques qui surviennent d'une manière exceptionnelle imprévue, marquent les notes susceptibles de déplacer la tonique, de changer le mode, de briser la régularité de la mesure ou du rhythme; ces sons sont des *accents pathétiques;* ils s'adressent surtout au *sentiment musical.*

Ici encore nous rencontrons les trois éléments dont nous parlions dans notre premier essai[2].

A l'instinct, l'*accent métrique;* à l'intelligence, l'*accent rhythmique;* au sentiment, l'*accent pathétique.*

Bien que la mesure soit une chose capitale, l'*accent métrique* doit s'effacer devant l'*accent rhythmique*[3].

---

1. Pathétique, du grec *Pathos,* sentiment, passion; ce qui émeut, qui touche profondément.

2. *Exercices de piano,* page 11.

3. Il est certain, en théorie, que la première note de chaque mesure doit être forte. Mais il est étonnant combien, dans la pratique, cette règle peut être rarement observée. On rencontre fréquemment des pages entières dans lesquelles la première note de chaque mesure est faible étant *finale* d'incise ou de rhythme. (Voyez *G. Tell,* de Thalberg, pages 4, 6 et 12.) Même dans la musique de danse, la première note de la mesure ou du temps fort est *faible* si elle est *finale* d'incise. C'est précisément la disparition fréquente de l'*accent métrique* au commencement de la mesure qui donne à quelques valses modernes un cachet si éminem-

Ces deux accents doivent, à leur tour, céder la place à l'*accent pathétique*, qui prime et domine les deux autres.

Les altérations du mouvement, les *accélérations* résultant soit de l'animation de l'artiste, des efforts qu'il fait pour rendre une suite de sons pathétiques successifs, soit de l'entraînement d'une contexture uniforme, descendante; les *ralentissements* résultant de la fatigue, de l'épuisement des forces dépensées dans un passage passionné ou de la présence d'un obstacle subit, imprévu, d'une contexture pathétique compliquée, constituent le *mouvement passionnel.*

Les oppositions de force, les contrastes résultant de la succession des phrases *forte* et des phrases *piano*, de leur *crescendo* et de leur *decrescendo*, constituent les *nuances.*

Nous allons consacrer à chacun de ces phénomènes une étude spéciale; puis nous examinerons le milieu dans lequel ils se produisent.

En effet, c'est du *mouvement général* adopté pour l'exécution d'un morceau que dépendent non-seulement la force des accents métriques, rhythmiques, pathétiques, mais encore le style, l'exécution tout entière. C'est lui qui est l'âme de toute bonne exécution. Nous lui attribuerions volontiers l'importance qu'Archimède attachait au point d'appui: «Qu'on nous donne, dirons-nous, le mouvement exact d'un morceau, et infailliblement nos règles en indiqueront l'accentuation, les mouvements passionnels et les nuances.»

---

ment vaporeux. Voyez par exemple: la valse de *Faust*, par Gounod; le *Juif errant*, par Burgmüller; la valse des *Roses*, par Métra, etc. Les musiciens trouvent ces valses délirantes, les personnes qui possèdent à peine l'instinct de la mesure, les trouvent détestables. Cela s'explique: l'entraînement résultant de la force et de la régularité de l'accent métrique disparaît. Par ce fait ces compositions sortent du domaine de l'instinct et rentrent dans celui de l'intelligence. Il y a dilatation, agrandissement de la pensée.

CHAPITRE IV.

DE L'ACCENTUATION MÉTRIQUE.

Un *son* pouvant être plus ou moins prolongé, il faut un *terme de comparaison*, une *unité* pour en mesurer la durée.

Ce terme de comparaison pour la durée des sons a reçu le nom de *temps*. Le temps est une unité arbitraire, par conséquent variable, mais qui, une fois choisie, demeure immuable jusqu'à indication de changement.

Frappez une suite de coups, d'égale force et à intervalles égaux, chacun d'eux marque et représente un *temps*. Mais notre sentiment musical, pénétré du besoin instinctif de *régularité*, exige qu'il soit impressionné, dans une suite de coups, par un coup plus *fort*, plus *énergique* de 2 en 2, de 3 en 3 ou de 4 en 4 coups, ce qui forme des groupes dont l'oreille se plaît à discerner la succession régulière. Chacun de ces groupes porte le nom de *mesure*.

Les mesures sont donc composées de 2, de 3 ou de 4 coups ou *temps;* elles se font distinguer dans l'exécution par une accentuation plus forte donnée à la note tombant sur le premier temps, à raison de quoi ce premier temps s'appelle *temps fort*.

Admettons provisoirement, comme instrument, la simple baguette d'un tambour; que la baguette frappe des coups à intervalles égaux, mais alternativement un coup fort, un coup faible, l'auditeur perçoit l'impression du groupement par deux ou *mesure à 2 temps*. Que l'alternance se produise par un coup fort suivi de deux coups faibles, l'impression sur l'oreille sera le groupement par trois ou *mesure à 3 temps*. Supposez, enfin, que le coup fort se fasse entendre seulement de quatre en quatre, vous sentirez le groupement par quatre ou mesure à 4 temps.

Une mesure à deux temps comprend donc 1 *temps fort* et 1 *temps faible;* une mesure à trois temps, 1 *temps fort* et 2 *temps faibles;* une mesure à quatre temps, 1 *temps fort* et 3 *temps faibles*.

L'avertissement que donne dans cet exemple le coup fort de la baguette, c'est l'effet que produit dans la musique vocale et instrumentale l'*accentuation* renforcée de la première note de la mesure.

Dans la musique écrite, afin que l'œil ne soit pas embarrassé et reconnaisse, sans hésitation, la note qui commence la mesure, on pose devant le premier temps une barre verticale, appelée *barre de mesure*.

Afin de rendre la mesure aussi régulière que possible, on la marque par des mouvements soit du pied, soit de la main. Cela s'appelle *battre la mesure*. Le coup *fort* ou *frappé* doit coïncider avec la première note qui suit la barre de mesure; il marque le temps fort.

Battez maintenant des mesures à 2, 3 ou 4 temps et n'émettez à chaque coup qu'un seul *son* (♩), vous aurez des mesures dont chaque temps n'aura qu'une note (♩). Faites entendre pour chaque coup deux *sons* d'égale durée (♫), vous aurez des mesures de deux notes, 2 demies par temps ($\frac{1}{2}+\frac{1}{2}$) ♫ ♫; faites passer, enfin, à chaque coup trois *sons* d'égale durée (♫♪), vous aurez des mesures de trois notes, 3 tiers par temps ($\frac{1}{3}+\frac{1}{3}+\frac{1}{3}$) ♫♪ ♫♪[1].

Les divisions des temps en demis (♫) et tiers (♫♪) et leurs dérivés *binaires* et *ternaires:* quarts, 8es, 16es, 32es, 64es; — 6es, 12es, 24es, 48es; — 9es, 18es, 27es, 36es, 72es, etc., sont seules admises comme *régulières*.

Dans les mesures de 2 notes par temps, comme dans celles de 3 notes par temps, la subdivision par 2 (binaire) est la *division principale;* la subdivision par 3 (ternaire) n'est *qu'accessoire*, c'est-à-dire que les demis (♫) sont plus souvent subdivisés en quarts (♬♬) qu'en sixièmes (♬♪ ♬♪), et que les tiers (♫♪) subissent la division en six (♬ ♬ ♬) plus fréquemment que la division en neuf (♬♪ ♬♪ ♬♪).

Partagez donc chaque temps d'abord en 2 ou demi-temps, en 3 ou tiers de temps: subdivisez ensuite chaque demi et chaque tiers de temps d'abord en 2, puis en 3, vous obtiendrez de cette manière tous les groupes réguliers admis:

Les demis ♫ { divisés par 2 vous donnent des quarts ♬♬
divisés par 3 vous donnent des sixièmes ♬♪ ♬♪ }

Les quarts ♬♬ { divisés par 2 vous donnent des huitièmes ♬♬ ♬♬
divisés par 3 vous donnent des douzièmes ♬♪ ♬♪ ♬♪ ♬♪ }

De la même manière, les tiers, divisés par 2, vous donnent des sixièmes, divisés par 3, des neuvièmes; les sixièmes, divisés par 2, donnent des douzièmes, divisés par 3, des dix-huitièmes; les huitièmes, divisés par 2, donnent des seizièmes, et divisés par 3, des vingt-quatrièmes; les neuvièmes, divisés par 2, donnent des dix-huitièmes, et divisés par 3, des vingt-septièmes, etc. Voilà les groupes, les divisions et les subdivisions *régulières* qui résultent du *temps* pris comme *unité*.

Les mesures contenant deux notes par temps ou leurs subdivisions binaires (4, 8, 16, etc.), sont appelées *mesures simples;* les mesures ayant trois notes par temps ou leurs subdivisions binaires (6, 12, 18, etc.), sont appelées *mesures composées*. La division *principale* ou *binaire* du temps domine donc les mesures simples; la division *accessoire* ou *ternaire* domine les mesures composées.

---

1. La parfaite régularité nécessaire pour la mesure ne pouvant être obtenue que par une machine, nous devons faire nos mouvements aussi machinalement que possible.

§ 1. Des Mesures simples.

Supposez qu'on ait choisi une note unique, la *noire* (♩) par exemple, pour représenter le temps entier; cela nous donnerait, pour la mesure à deux temps, avec une note par temps, deux noires (♩ ♩); pour la mesure à trois temps, trois noires (♩ ♩ ♩); pour la mesure à quatre temps, quatre noires (♩ ♩ ♩ ♩). La blanche (𝅗𝅥), considérée comme l'abréviation de deux noires (♩‿♩), la blanche pointée (𝅗𝅥.), considérée comme l'abréviation d'une blanche et d'une noire (𝅗𝅥‿♩), enfin, la ronde (𝅝), considérée comme l'abréviation de deux blanches (𝅗𝅥‿𝅗𝅥) ou de quatre noires (♩‿♩‿♩‿♩) suffiraient, dans ce cas, pour exprimer la durée de 1, 2, 3 et 4 temps.

La barre horizontale { ━━━━━━━━ = unité ; ━━━ ━━━ = demis ; ━━ ━━ ━━ ━━ = quarts ; ━ ━ ━ ━ ━ ━ ━ ━ = huitièmes }, avec des sous-lignes brisées, servirait à exprimer toutes les fractions ou divisions du temps[1].

Mais, au lieu de prendre toujours la même note, la *noire,* ou toute autre, comme *unité de temps,* les musiciens ont considéré la ronde (𝅝), non comme une *unité* de temps, mais comme *unité des valeurs* des notes, la blanche (𝅗𝅥) comme demie, la noire (♩) comme quart, la croche (♪) comme huitième, etc.; ils ont, en outre, considéré la ronde et chacune de ses fractions, la demie ou la blanche (𝅗𝅥), le quart ou la noire (♩), la croche (♪), la double croche (𝅘𝅥𝅯) comme susceptibles de représenter, tour à tour, *un temps*, ce qui donne cinq signes différents pour exprimer le même fait : une note valant un mouvement ou un temps. De là, cette variété de *formules* qu'on rencontre pour indiquer les différentes mesures.

Tableau des formules des mesures simples[2].

MESURES A 2 TEMPS.		MESURES A 3 TEMPS.		MESURES A 4 TEMPS.	
2/1 𝅝 𝅝 ou 1 ronde	pour chaque temps.	3/1 𝅝 𝅝 𝅝 1 ronde	pour chaque temps.	4/1 𝅝 𝅝 𝅝 𝅝 1 ronde	pour chaque temps.
2/2 𝅗𝅥 𝅗𝅥 ou 1 blanche		3/2 𝅗𝅥 𝅗𝅥 𝅗𝅥 1 blanche		4/2 𝅗𝅥 𝅗𝅥 𝅗𝅥 𝅗𝅥 1 blanche	
2/4 ♩ ♩ ou 1 noire		3/4 ♩ ♩ ♩ 1 noire		4/4 ♩ ♩ ♩ ♩ 1 noire	
2/8 ♪ ♪ ou 1 croche		3/8 ♪ ♪ ♪ 1 croche		4/8 ♪ ♪ ♪ ♪ 1 croche	
2/16 𝅘𝅥𝅯 𝅘𝅥𝅯 ou 1 double croche		3/16 𝅘𝅥𝅯 𝅘𝅥𝅯 𝅘𝅥𝅯 1 double croche		4/16 𝅘𝅥𝅯 𝅘𝅥𝅯 𝅘𝅥𝅯 𝅘𝅥𝅯 1 double croche	

La fraction $\frac{2}{2}$ signifie une mesure à 2 temps, valant chacun une blanche, c'est-à-dire une mesure contenant 2 blanches, ou 2 fois la moitié de la ronde; la fraction $\frac{3}{8}$ signifie une mesure à 3 temps, valant chacun une croche, c'est-à-dire 3 fois le huitième de la ronde, etc.

Comme on le voit, c'est tantôt une *ronde,* tantôt une *blanche,* tantôt une *noire,* etc., qui est prise pour représenter le temps.

---

1. Voyez nos *Exercices de piano,* page 107.

2. On indique aussi quelques mesures simples par d'autres signes que des fractions : ainsi, la mesure $\frac{4}{4}$ par un 𝄴, ou simplement par 4; la mesure $\frac{2}{2}$ par un 𝄵, ou simplement 2; la mesure $\frac{3}{4}$ par 3, etc. Rossini, dans le *Christe eleison* de sa *Messe,* énonce la mesure $\frac{4}{2}$ ou 4 blanches par 𝄵; Nægeli, dans la *Foi du Chrétien,* énonce la même mesure par 𝄴𝄴.

Dans toutes ces formules, la durée absolue de chaque temps dépend uniquement du mouvement général. Ainsi, sous une même indication métronomique, la *blanche* (𝅗𝅥) dans la mesure $\frac{5}{2}$ a exactement la durée de la *croche* (♪) dans la mesure $\frac{5}{8}$. En effet, le métronome assignant la même durée du temps dans l'un et l'autre cas, la blanche, qui dans le premier cas forme un temps, a la même durée que dans le second cas la croche, qui vaut aussi un temps. Pareillement, sous une même indication métronomique, la *ronde* (𝅝), dans la mesure $\frac{2}{1}$, a exactement la même durée que la *noire* (♩) dans la mesure $\frac{2}{4}$, etc.

Ce qui caractérise les *mesures simples*, c'est que dans la fraction numérique qui sert à les distinguer, le numérateur marque le *nombre des temps* que la mesure renferme, et le dénominateur la valeur, ou fraction de la ronde, de la note par laquelle chaque temps est représenté; en outre, leurs temps n'admettent régulièrement que la subdivision binaire, c'est-à-dire division en 2, 4, 8, 16 notes.

S'il se présente dans ces mesures un temps avec 3, 5, 6, 7 notes, il forme une exception appelée *olet*. De là: triolet, quintolet, sextolet, septolet, etc.

Dans la musique de piano, d'orgue, de chant, etc., on rencontre souvent des pages entières de *triolets* à une portée contre deux notes à l'autre. Dans ce cas, on marque les *triolets* sur les temps de la première mesure et on les fait suivre du mot *simile* pour indiquer qu'il y a des *triolets* partout, quoiqu'ils ne soient pas indiqués. Ce sont évidemment de véritables *mesures mixtes*, simples à une main, composées à l'autre[1].

Cette manière n'a été adoptée que comme abréviation; pour épargner le point (.), on met sur une des portées une noire pour une noire pointée, une blanche, pour une blanche pointée. Il n'est pas rare de voir que ce fait exceptionnel ne soit indiqué par aucun signe.

---

§ 2. Des Mesures composées.

Selon nous, ces mesures se sont formées instinctivement. C'est le sentiment qui les a produites et non la raison; celle-ci n'est intervenue que postérieurement pour les expliquer et les légitimer. Deux faits ont joué dans cette création les rôles générateurs :

1° L'identité de l'effet produit par une mesure à 3 temps et un temps *divisé en trois*; en effet, *la force* que reçoit un *son commençant* une *mesure à 3 temps*, avec une note par temps, *est égale* à celle que reçoit une *note commençant un temps* divisé ternairement. Exemple : ♩♩♩ ou ♪♪♪[2]. (Voyez page 77.)

2° Les inconvénients qui résultent des mesures à 3 temps battues très-rapidement; ces oscillations ou mouvements ont quelque chose d'anguleux, de spasmodique. Tant qu'il n'y a qu'un exécutant, cet inconvénient n'est pas grave, mais s'il y en a plusieurs, il faut absolument un chef d'orchestre pour *battre* la mesure et centraliser les mouvements. Or, si ces mouvements sont grands, amples, il lui sera impossible de les exécuter rapidement

---

1. Voyez Czerny, 100 *Exercices*, op. 139, n°s 15, 22, etc.; Schubert, *Eloges des larmes*, *Roi des aulnes*, etc.

2. Voyez nos *Exercices de piano*, page 112.

sans les rendre agaçants, spasmodiques; s'il les fait petits, l'orchestre ne les distinguera pas assez nettement, et la mesure sera perdue. Bon gré, mal gré, le chef d'orchestre sera obligé d'abandonner les trois mouvements, de les fondre *en un seul,* où l'on distinguera pourtant, par l'accent renforcé, le premier tiers du temps ou *son fort,* remplissant encore, en un certain degré, le rôle du *temps fort* de la mesure initiale à 3 temps. Par cette simple substitution de mouvement, il réunira 2, 3 et même 4 mesures à 3 temps en *une seule.*

Et voilà engendrée, tout naturellement, la mesure composée: mesure à deux, à trois et à quatre temps ternaires. Et dans le fond, rien n'est changé au caractère de la mesure, ni du morceau. Autant les mesures vives à 3 temps sont agaçantes, autant leurs dérivées sont calmes, rondes et pleines d'ampleur. La raison en est fort simple : les notes fortes s'accentuent, comme auparavant, de 3 en 3, seulement ces notes fortes, au lieu de commencer des mesures, ne commencent plus que des temps.

Ainsi les valses qui, autrefois, étaient exclusivement écrites à $\frac{3}{8}$ ou $\frac{3}{4}$, se rencontrent fréquemment, aujourd'hui, à $\frac{6}{8}$, $\frac{6}{4}$, etc., et, à coup sûr, si elles sont exécutées par un orchestre, le chef bat une mesure à 2 temps; il ne fera que 2 mouvements pour 2 mesures, au lieu de 6, réunissant ainsi 2 mesures simples à 3 temps en une mesure composée à 2 temps.

L'*Invitation à la valse,* de Weber, par exemple, est écrite à $\frac{3}{4}$; qu'on l'exécute au théâtre ou au concert, si admirablement orchestrée par Berlioz, et elle formera une mesure composée à $\frac{6}{4}$ très-accélérée, c'est-à-dire une mesure à 2 temps. Le chef d'orchestre, au lieu de faire 24 mouvements pour 8 mesures, n'en fera plus que 8.

On appelle donc, dans le langage reçu, *mesures composées,* celles qui sont faites avec des *mesures simples.* Les mesures simples à 3 temps, dans un mouvement très-vif, sont les seules dont on fasse des mesures composées.

Si l'on veut transformer des mesures simples en mesures composées, il faut supprimer dans les morceaux à mesure simple à 3 temps une barre de mesure sur 2 et on obtiendra des mesures composées à 2 temps. Exemple:

En enlevant 2 barres sur 3, on obtiendra des mesures composées à 3 temps.

En enlevant, enfin, 3 barres de mesures sur 4, on obtiendra des mesures composées à 4 temps.

Gardez-vous pourtant de croire qu'on puisse transformer tous les morceaux à mesure simple à 3 temps en mesures composées à 3 temps.

Par exemple, l'*Invitation à la valse* peut bien être réduite en mesures composées à 2 et à 4 temps, mais non à 3 temps, parce que la note initiale du rhythme devant toujours tomber sur le même quantième de temps, cette coïncidence n'aurait plus lieu; la note initiale du rhythme tomberait tantôt sur le 1er, tantôt sur le 2e et tantôt sur le 3e temps, ce qui rendrait le rhythme boiteux. Donc, c'est le rhythme qui indique et décide si les morceaux écrits en mesures simples peuvent être transformés en mesures composées à 2, 3 ou 4 temps. Bien entendu, de même que les mesures simples peuvent être condensées en mesures composées, on décomposerait celles-ci en mesures simples par l'adjonction de nouvelles barres de mesure.

Si nous réunissons en une seule mesure deux mesures simples à 3 temps, dont les formules sont $\frac{3}{2}$, $\frac{3}{4}$, $\frac{3}{8}$, $\frac{3}{16}$, nous obtiendrons les formules des mesures composées suivantes: $\frac{6}{2}$, $\frac{6}{4}$, $\frac{6}{8}$, $\frac{6}{16}$[1]. Si nous en réunissons 3, nous obtiendrons les formules $\frac{9}{2}$, $\frac{9}{4}$, $\frac{9}{8}$, $\frac{9}{16}$; enfin, si nous en prenons 4, cela nous donnera $\frac{12}{2}$, $\frac{12}{4}$, $\frac{12}{8}$, $\frac{12}{16}$. On voit que les numérateurs 6, 9, 12 indiquent des mesures composées, c'est-à-dire faites avec 2, 3 ou 4 mesures simples à 3 temps.

Tableau des formules des mesures composées.

Mesures composées à 2 temps, dérivant de 2 mesures simples à 3 temps.	Mesures composées à 3 temps, dérivant de 3 mesures simples à 3 temps.	Mesures composées à 4 temps, dérivant de 4 mesures simples à 3 temps.
3 blanches ou 1 ronde pointée par temps.	3 blanches ou 1 ronde pointée par temps.	3 blanches ou 1 ronde pointée par temps.
$\frac{6}{2}$	$\frac{9}{2}$	$\frac{12}{2}$
3 noires ou 1 blanche pointée par temps.	3 noires ou 1 blanche pointée par temps.	3 noires ou 1 blanche pointée par temps.
$\frac{6}{4}$	$\frac{9}{4}$	$\frac{12}{4}$
3 croches ou 1 noire pointée par temps.	3 croches ou 1 noire pointée par temps.	3 croches ou 1 noire pointée par temps.
$\frac{6}{8}$	$\frac{9}{8}$	$\frac{12}{8}$
3 doubles croches ou 1 croche pointée par temps.	3 doubles croches ou 1 croche pointée par temps.	3 doubles croches ou 1 croche pointée par temps.
$\frac{6}{16}$	$\frac{9}{16}$	$\frac{12}{16}$

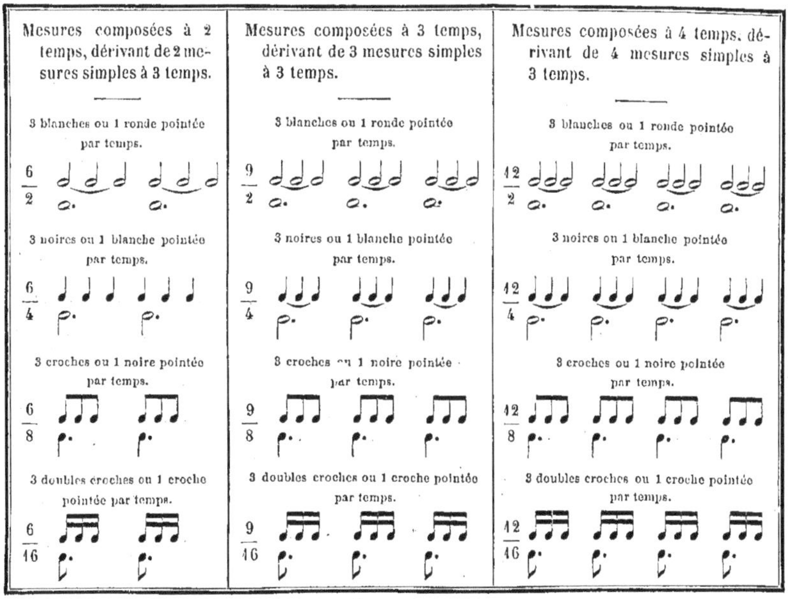

Dans ces mesures aussi, le numérateur indique le nombre de notes que contient la mesure, mais chacune d'elles est un *tiers* de temps.

Le dénominateur indique la nature de ces notes: *blanche*, *noire*, *croche*, etc.

Dans toutes ces mesures, la durée absolue de chaque temps dépend, comme dans les mesures simples, uniquement du mouvement indiqué par le chiffre métronomique ou par des mots italiens. Ainsi, dans un égal mouvement, la *blanche* pointée dans la mesure à $\frac{6}{4}$ a identiquement la même *durée* que la *noire* pointée dans la mesure à $\frac{6}{8}$.

1. Les mesures composées $\frac{6}{1}$, $\frac{9}{1}$ et $\frac{12}{1}$ ont été écartées, la musique moderne n'ayant pas de signe pour représenter 3 rondes comme unité de temps.

Ce qui caractérise les *mesures composées,* c'est que les temps y sont soumis à la division *ternaire* et que la note qui représente l'unité ou le temps, est une note composée : *blanche* pointée (𝅗𝅥.), *noire* pointée (♩.), etc. S'il se présente dans ces mesures un temps composé de 2, 4, 5, 8 notes d'égale valeur, il forme une exception appelée *olet.* De là, duolet, quartolet, quintolet, septolet, octolet, etc. Exemples :

Th. Ritter. *Les Courriers.*

Chopin. Op. 9, nº 3. *Nocturne.*

espress.

Dans ce passage, Chopin emploie le quartolet, 4 croches au lieu de 3; quelques mesures auparavant il emploie le quintolet et le septolet, c'est-à-dire 5 croches au lieu de 3, et 7 doubles croches au lieu de 6.

Cette théorie des mesures composées justifie et légitime, enfin, l'emploi du double signe, de la *blanche* pointée, de la *noire* pointée, etc., comme unité de temps. En effet, puisque le temps représente dans les mesures composées une mesure simple à 3 temps *condensée,* il doit nécessairement porter en lui la trace de son origine. Or, dans toutes les mesures simples à 3 temps, la note qui vaut une mesure entière ne peut s'écrire avec un signe simple, il faut une *blanche pointée* pour la mesure entière à $\frac{3}{4}$; une *ronde* pointée pour la mesure à $\frac{3}{2}$, etc. Donc, dans les mesures composées, le temps représentant une mesure simple entière, il est nécessaire que ce double signe, cette *blanche* pointée, cette *ronde* pointée, etc., soit conservée pour exprimer le temps.

Au contraire, il est à remarquer que, dans les mesures composées, aucune note pointée n'est susceptible de représenter une mesure entière. Une blanche pointée, quoique valant 6 croches, ne pourrait pas représenter clairement une mesure entière à $\frac{6}{8}$. C'est que, pour être rationnellement représentées, ces mesures demandent que la note, le signe valant la mesure entière, porte en lui un cachet net de divisibilité en deux moitiés ou deux temps. Or, la blanche pointée, quoique valant 6 croches, ne porte pas en elle l'évident caractère de divisibilité en deux fois 3 croches, ou 2 noires pointées. En un mot, dans les mesures composées on doit, pour peindre la mesure, écrire la note composée qui représente un temps autant de fois qu'il y a de temps. Exemple : ♩. ♩. | 𝅗𝅥. 𝅗𝅥. | ♩. ♩. ♩. ‖.

Généralement les mesures composées sont correctement écrites; les temps y sont bien distinctement séparés. Cependant, ici encore, on se laisse aller à des négligences. Exemples :

Clémenti. *Gradus,* nº 75.

au lieu de :

2e *Période d'un Offertoire.*

Il est impossible d'accentuer correctement en suivant cette écriture. Voici comment ce passage devrait être écrit :

En jetant maintenant un coup d'œil sur les tableaux que nous avons donnés, nous voyons qu'il y a 15 différentes formules pour les mesures simples et 12 pour les mesures composées, en tout 27 manières d'exprimer ce simple fait : un son fort suivi de 1, de 2 ou de 3 sons faibles [1].

Ajoutez à cela le déplorable usage qui s'est introduit, comme pour multiplier encore les difficultés, de ne pas grouper les notes formant le temps, et vous comprendrez les perplexités dans lesquelles se trouve souvent l'exécutant.

Sans doute, les 27 sortes de mesures ne sont pas toutes également usitées ; celles qui offrent le plus de bizarrerie, se présentent rarement ; mais c'est précisément dans celles-ci que l'élève, sinon le professeur, pris au dépourvu, commet le plus de fautes d'accentuation s'il ne possède des principes sûrs et rationnels pour le guider dans ce dédale.

---

§ 3. Des Mesures mixtes et alternées.

Si quelques-unes de ces 27 sortes de mesures ne sont pas usitées, il en existe qui ne se trouvent pas non plus dans nos tableaux. Cela n'a rien de surprenant. Égaré, désorienté par des principes équivoques et confus, on ne doit plus reculer devant aucune étrangeté. Non-seulement on fait des mesures à 5 temps, que nous appellerons des *mesures alternées* [2], une

1. Il est remarquable que Mozart, dans toutes ses *Sonates pour le Piano*, n'emploie pas une seule fois la mesure ayant pour numérateur 9, et Beethoven n'en fait usage que 2 ou 3 fois dans toutes ses *Sonates pour Piano*.

2. On en trouve des exemples dans la *Dame blanche*, suite de la cavatine : « Viens, gentille dame » ; dans *Mireille*, « chanson de Magali », où, alternativement, il y a une mesure $\frac{9}{8}$, suivie d'une autre à $\frac{6}{8}$. Nous ne croyons pas que ces bizarreries aient été pour beaucoup dans le succès de ces deux opéras.

mesure à 3 temps, suivie d'une à 2, ou une à 2 temps suivie d'une à 3 temps, mais encore des *mesures mixtes* présentant au piano pour chaque main des mesures différentes[1].

On a été plus loin encore; on est allé jusqu'à prendre les plus petites fractions de la ronde pour en faire des dénominateurs. Dans le premier livre des *Études de Cramer,* n° 31, on trouve, à la main droite, une mesure $\frac{24}{16}$ ou 24 doubles croches, et à la main gauche une mesure à $\frac{4}{4}$.

En apparence, c'est une mesure mixte. En réalité, c'est tout simplement une mesure à 4 temps avec un sextolet pour chacun à la main droite; seulement, au lieu de grouper les doubles croches par sextolet, on les a groupées par triolet. Fort heureusement, la mesure est correctement écrite et les 8 groupes de 3 doubles croches en sont bien délimités, ce qui prévient toute difficulté d'accentuation.

Dans la septième Étude du second livre, Cramer indique une mesure analogue par un 𝄵.

Dans la Sonate en *ut* mineur de Beethoven (op. 111), on rencontre une mesure à $\frac{12}{32}$[2]. Dernièrement nous avons rencontré deux *prières pour orgue* dont une à $\frac{5}{4}$ et l'autre à $\frac{11}{4}$. Cette dernière est évidemment du plain-chant tout pur.

Il est inutile de familiariser le lecteur avec de plus grandes et de plus nombreuses bizarreries.

---

1. Voir la *Lucie* de E. Prudent, page 14, où il y a une mesure à $\frac{6}{8}$ pour la main droite, une mesure à $\frac{2}{4}$ pour la gauche. H. Herz, op. 168, *Écume de mer,* page 10, emploie pour la main droite la formule $\frac{6}{4}$ et pour la gauche, la formule 𝄵. Dans *Don Juan*, 1er acte: « Veni con me, ma vita », Don Juan a une mesure à $\frac{2}{4}$, tandis que Leporello chante dans une autre à $\frac{5}{8}$.

2. Un simple coup d'œil jeté sur ce morceau nous apprend que Beethoven s'est trompé. En effet, qu'y voyons-nous? Partout, dans chaque mesure, 3 groupes de 8 notes, soit à la main droite, soit à la main gauche.

Donc, c'est une mesure à 3 temps, bien que le numérateur 12 de la formule $\frac{12}{32}$ en indique une à 4 temps, avec 3 triples croches ou une double croche pointée pour chaque temps. Ici le numérateur 12 indique simplement le nombre de notes qui se trouvent dans la mesure et non le nombre de tiers de temps. Pour obtenir 4 temps, il faudrait *disloquer* les 3 groupes d'un bout à l'autre du morceau, et en faire 4; prendre du 1er groupe les 6 premières notes pour en former le 1er temps; réserver pour le 2e les deux dernières du 1er groupe et les 4 premières du 2e, etc. Il est de toute évidence que cela dénaturerait la *mesure*, et que Beethoven n'a pas eu l'intention d'écrire une *mesure* à 4 temps. Quel est donc son secret, sinon son erreur? car il nous répugne de prendre en défaut cet incomparable génie! C'est que Beethoven a considéré ici la triple croche *sans la pointer* comme valant 3 quadruples croches (ou une triple croche et une quadruple croche) sans indiquer cette division ternaire par un *triolet,* comme il le fait quelques mesures plus loin dans le passage à $\frac{9}{16}$. Donc, c'est simplement une mesure à $\frac{3}{8}$, avec 4 triples croches pour chaque temps, considérée chacune comme valant un triolet (3 quadruples croches, ou une triple croche et une quadruple croche). De là, la formule $\frac{12}{32}$, quoiqu'on y rencontre l'équivalent de 18 et non de 12 triples croches, c'est-à-dire 12 triples croches et 12 quadruples croches. En tout cas, cette mesure est plus facile à jouer qu'à expliquer. Nous engageons professeurs et élèves à la décomposer, à considérer chaque groupe ou temps comme une mesure et à compter 4 temps pour chacun.

Nous sommes étonné que Beethoven n'ait pas employé la formule $\frac{36}{64}$, au lieu de $\frac{12}{32}$, car, en réalité, il y a 36 quadruples croches dans chaque mesure. On rencontre, dans les différentes éditions des *Sonates* de Beethoven, des formules fort variées pour ce passage. Ainsi, l'édition Ikelmer porte la formule $\frac{36}{32}$. Il nous est impossible de découvrir plus que la valeur de 18 triples croches dans ces mesures; donc, c'est encore une fausse indication.

§ 4. Règles de l'accentuation métrique.

L'*accent métrique* ayant pour but de faire sentir la mesure, le temps et ses divisions, il importe surtout de connaître la note qui commence la mesure, le temps et chacune de ses divisions.

Dans l'intérêt même de leur œuvre, les compositeurs devraient, pour venir en aide à l'exécutant, mettre en évidence la note qui doit recevoir l'*accent*, lui donner du relief. Ce résultat serait obtenu s'ils adoptaient, pour représenter le temps divisé en plusieurs notes, la barre horizontale avec ses sous-lignes rationnellement brisées, fractionnées; malheureusement, il n'en est pas ainsi[1].

Dans la musique vocale surtout, au lieu de grouper les notes par temps, ils isolent chaque note qui correspond à une syllabe; par contre, si plusieurs notes, quoique appartenant à des temps ou fractions de temps différents, se rapportent à une seule syllabe, ils les lient ensemble sans que ce groupe porte la démarcation du temps ou de ses fractions.

Il est impossible de nier la confusion que ce procédé jette sur l'interprétation, ni l'embarras qui en résulte pour l'exécutant; si celui-ci ne possède un sentiment exquis ou des principes rationnels, à chaque mesure il fera des contre-sens, des fautes d'accentuation qui nuiront à la clarté, à la poésie de l'œuvre exécutée.

La théorie de la mesure que nous venons d'exposer, nous fournira toutes les lumières nécessaires pour nous reconnaître dans ce dédale de formules métriques, et nous permettra d'accentuer avec intelligence et connaissance de cause. Résumons-la en quelques règles qui, dans toute circonstance, puissent aider l'exécutant.

1° La première note de chaque mesure doit être forte, accentuée.

2° Dans les mesures à 2 temps, avec une seule note par temps, le 2e est faible.

3° Dans les mesures à 3 temps, avec une seule note par temps, le 2e et le 3e sont faibles. Exemples[2]:

1. Voyez nos *Exercices de Piano*, page 107.

2. Quoi qu'en disent J. J. Rousseau, Castil-Blaze et tant d'autres, dans les mesures à 3 temps, le 3e temps est *faible métriquement;* il n'y a qu'une raison de *rhythme* ou d'expression *pathétique* qui puisse lui donner de la *force*. Exemples:

Dans ces exemples, les notes marquées d'un *f* sont fortes, non pas parce qu'elles tombent sur le

4° Dans les mesures simples à 4 temps (doubles mesures à 2 temps), avec une seule note par temps, le 1er et le 3e sont forts, le 2e et le 4e faibles.

5° Dans les mesures composées, chaque note qui vaut un temps ou une mesure simple à 3 temps condensée reçoit l'accent.

6° Aussi bien dans les mesures à 3 temps que dans celles à 2 et à 4 temps, la note qui commence un temps divisé en plusieurs notes (un trait, un groupe), est *forte* quand même elle tomberait sur un temps *faible*. Exemples:

3e temps, mais bien parce qu'elles commencent soit un rhythme, soit une incise.

Dans ces exemples encore, les notes marquées d'un chevron (^) et d'un *f* sont fortes, non pas parce qu'elles tombent sur le 3e temps, mais bien parce qu'elles sont précédées d'un *temps divisé* en 2 notes.

Ainsi, dans la coupe rhythmique composée d'une noire, de 2 croches et d'une noire : ♩ ♫ ♩, la dernière noire est forte; il en est de même de la coupe suivante : ♩. ♪ ♩ ou ♩ ♫ ♩. Même dans les mesures à 2 et à 4 temps, la noire, après 2 croches, prend de la force. Exemples:

♫ ♩ | ♫ ♩ ‖ ♩ ♩ ♫ ♩ ‖ ♫ ♩ ♫ ♩ ‖

(Voyez pages 77 et 90.)

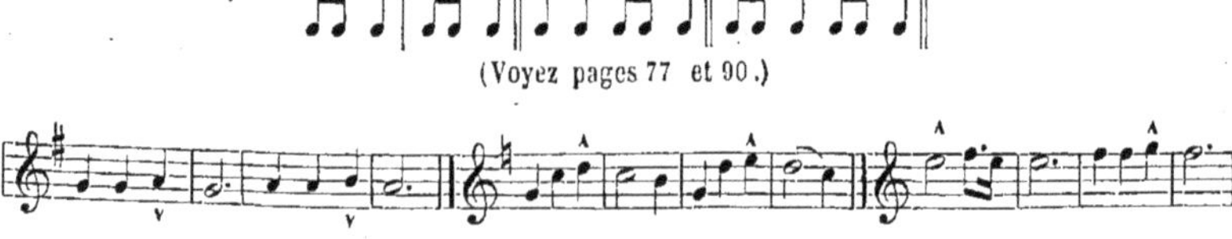

Dans ces exemples, les notes marquées d'un chevron (^) sont fortes, non parce qu'elles tombent sur le 3e temps, mais bien parce qu'elles sont *pathétiques* = *voisines aiguës*. Voyez *Accentuation pathétique.*

7° Toute note prolongée par la 1re de la mesure ou du temps suivant est très-forte, quelle que soit sa valeur. Exemples :

8° La note qui, au commencement d'une mesure, d'un temps ou d'une fraction de temps tombe *sous* ou *sur* une *prolongation* (improprement appelée syncope), sous ou sur un silence est très-forte : Exemples :

9° Plus un groupe ou temps chargé se présente rarement, exceptionnellement, plus sa note initiale est accentuée. Exemple :

10° Si la note qui termine une mesure, un temps ou une fraction de temps est *répétée*, c'est-à-dire si elle *commence* la mesure, le *temps* ou la *fraction* du temps *suivant*, elle est *très-forte;* nous l'appelons *répétition temporale*[1]. Exemples :

1. Félix Godefroid, dans son excellent ouvrage, *Méthode de Chant appliquée au Piano*, Paris, chez Heugel, l'appelle *rebattue expressive*.

11° Plus une note a de valeur, c'est-à-dire de durée, surtout la première de la mesure, plus elle est accentuée. Exemples :

ROSSINI. *Stabat.* AUBER. *Haydée.*

12° Toute note précédée d'un silence est forte. Exemples :

13° Plus le mouvement est vif, moins les notes initiales des mesures et des temps prennent de force.

Accentuation des groupes de six croches.

Les groupes de 6 et 12 notes offrant certaines difficultés d'accentuation, nous allons leur consacrer notre attention spéciale.

Six croches par mesure ou , dans une mesure à $\frac{3}{4}$, exigent un accent de 2 en 2 et devraient être écrites comme il suit : .

Six croches par mesure ou , dans les mesures composées $\frac{6}{8}$, $\frac{9}{8}$ et $\frac{12}{8}$, exigent un accent de 3 en 3 ; elles devraient être écrites comme il suit : .

Six croches, dans les mesures simples à $\frac{2}{4}$, $\frac{3}{4}$ et $\frac{4}{4}$, formant 2 triolets, exigent un accent de 3 en 3 ; elles devraient être écrites comme il suit : .

Six croches, dans les mesures $\frac{6}{4}$, $\frac{9}{4}$, $\frac{12}{4}$, prennent un accent de 2 en 2 ; elles devraient être écrites comme il suit : .

Accentuation des groupes de six doubles croches.

Six doubles croches ou par temps, dans les mesures $\frac{2}{4}$, $\frac{3}{4}$ et $\frac{4}{4}$, forment un sextolet ou double triolet et exigent un accent de 3 ou 3[1] ; elles devraient être écrites comme il suit : ou .

Six doubles croches par temps ou , dans les mesures composées $\frac{6}{8}$, $\frac{9}{8}$, $\frac{12}{8}$, exigent un accent de 2 en 2 ; elles devraient être écrites comme il suit : . Si, dans ces mesures, elles ne valent que 2 tiers de temps ou 2 croches, elles forment sextolet et prennent un accent de 3 en 3 ; elles devraient être écrites : ou .

1. Voyez pour les exceptions, page 30.

Six doubles croches  ou  , dans la mesure $\frac{3}{8}$, exigent un accent de 2 en 2; elles devraient être écrites comme il suit :  .

Six doubles croches  ou  , dans les mesures $\frac{6}{4}$, $\frac{9}{4}$, $\frac{12}{4}$, valant 1 noire ou 1 tiers de temps, prennent un accent de 3 en 3; elles devraient être écrites comme il suit :  .

Six doubles croches  ou  , dans les mesures composées $\frac{6}{16}$, $\frac{9}{16}$, $\frac{12}{16}$, prennent un accent de 3 en 3, elles devraient être écrites comme il suit :  .

Accentuation des groupes de douze doubles croches.

Douze doubles croches, dans les mesures simples à $\frac{2}{4}$ ou $\frac{4}{4}$, exigent un accent de 6 en 6, et dans les mouvements lents de 3 en 3; elles devraient être écrites comme il suit :  ou  , car c'est un double sextolet ou un quadruple triolet.

Douze doubles croches formant une mesure entière à $\frac{3}{4}$, exigent un accent de 4 en 4; elles devraient être écrites :  .

Douze doubles croches, dans les mesures composées $\frac{6}{8}$ et $\frac{12}{8}$, exigent un accent de 6 en 6 dans les mouvements vifs, et de 2 en 2 dans les mouvements lents; elles devraient être écrites :  .

Douze doubles croches, dans les mesures $\frac{12}{16}$, exigent un accent de 3 en 3; elles devraient être écrites : 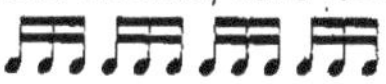 .

On doit soumettre à la même analyse les groupes des triples, des quadruples croches.

En résumé, il faut, avant d'accentuer, surtout les groupes de 6 et de 12, examiner s'ils se trouvent dans une *mesure simple* ou *composée;* s'ils dérivent d'une division *principale* (régulière) par deux, d'un groupe ternaire, ou bien d'une division *accessoire* (exceptionnelle) par 3 d'un groupe binaire.

Si 6 notes remplacent exceptionnellement 4, elles prennent un accent de 3 en 3; si 12 notes en remplacent 8, elles prennent un accent de 6 en 6.

Si 6 ou 12 remplacent 3 ou 6 notes, elles prennent un accent de 2 en 2.

En d'autres termes : 6 *notes pour une valeur ou unité simple* (non composée) *exigent un accent de 3 en 3*; 6 notes pour une *valeur composée* (pointée) *exigent un accent de 2 en 2.*

Telles sont les règles d'accentuation qui découlent des principes de la mesure et qui doivent guider l'exécutant.

---

§ 5. Application des règles de l'accentuation métrique.

Nous pourrions nous arrêter ici, mais nous jugeons utile d'appliquer ces principes à quelques œuvres, que, trop souvent, hélas! nous avons entendu estropier. Le lecteur reconnaîtra ainsi qu'une foule de compositions, d'ailleurs excellentes, sont négligemment écrites au point de vue de la mesure et ne permettent pas à l'exécutant de remplir même la première condition d'une bonne exécution, qui est de faire sentir la mesure, de mettre en relief les accents métriques, c'est-à-dire la première note de la mesure, du temps et de ses divisions.

Dans une petite Fantaisie sur la *Norma,* à l'usage des commençants, et très-répandue, nous trouvons le passage suivant :

Pas même d'accent sur les basses pour marquer les temps! Nul groupement, nulle séparation des temps; aussi, comment un jeune élève pourrait-il reconnaître les *notes fortes,* les accents métriques dans un fouillis pareil? Le professeur ne doit pas hésiter à rétablir mesure et temps; il devra plutôt exagérer la séparation des temps que les confondre. Rationnellement rétabli, le passage se présentera sous l'aspect suivant:

ou bien :

Dans une des meilleures compositions de Félix Godefroid, *les Nuits d'Espagne,* on rencontre, page 6, le passage suivant :

Bien que la mesure ne soit indiquée par aucune mention spéciale, au commencement de cette phrase, elle n'en est pas moins pareille à celle de la phrase précédente à $\frac{6}{4}$; ce qui exige dans les 12 notes de la main gauche un accent métrique de 4 en 4. Or, l'élève est instinctivement porté à scinder le groupe en 2 et à frapper fort la note la plus basse et la plus haute, comme commençant l'une le trait ascendant, l'autre le trait descendant, ce qui donne ici 2 groupes de 6 notes. De plus, comme, à la main droite, la 3e note de la mesure est précédée d'une *acciaccature* coïncidant avec la 7e, la plus haute de l'arpége, l'exécutant est fatalement entraîné à accentuer de 6 en 6, ce qui donne une mesure à $\frac{6}{8}$ en contradiction avec l'intention de l'auteur et le caractère du passage. Mainte et mainte fois nous avons entendu exécuter ce morceau de cette manière défectueuse. La faute en est un peu à l'auteur, qui aurait dû écrire ainsi :

De cette manière, les 3 temps sautent aux yeux et incitent l'exécutant à marquer les 3 accents métriques. Deux pages plus loin la même phrase revient transposée en *sol* et correctement écrite, mais l'exécutant ayant pris un mauvais pli, il le conservera et continuera, par routine, à estropier le passage.

La première Étude du *Gradus ad Parnassum*, par Clémenti, est écrite sans le chiffre 3 indiquant le *triolet*, comme il suit :

C'est une *mesure simple*, donc les 6 notes formant exception en remplacent 4 et exigent un accent métrique de 3 en 3. Combien de fois ne l'avons-nous pas entendu mal exécuter, c'est-à-dire avec un accent de 2 en 2, avec 3 accents par groupe au lieu de 2! Écrit comme il suit :

le passage devient d'une lucidité parfaite, les 4 temps sautent aux yeux et chacun réclame son accent.

L'Étude n° 9 du même livre est aussi fréquemment estropiée : c'est une mesure à $\frac{5}{2}$ qu'on joue le plus souvent comme si elle était à $\frac{6}{4}$, car tout excite à grouper les notes de la main droite de 3 en 3 noires au lieu de 2 en 2. Or, $\frac{6}{4}$ donnerait à la main droite un accent sur la 1re et la 4e noire de la mesure, tandis qu'ici il faut un accent sur le *si* commençant le 3e temps.

Écrite de la façon suivante, elle n'offrirait aucune difficulté d'accentuation, malgré la *syncope*, c'est-à-dire la prolongation de la 2e moitié du 1er temps sur la 1re du second :

Le n° 33 du premier livre des *Études* de Cramer commence par ce passage :

C'est une mesure composée, c'est-à-dire une réunion de 3 mesures simples en une seule à 3 temps au moyen de la suppression de 2 barres de mesure; chaque temps devrait donc porter le caractère ternaire. Mais, dès le 1er temps, il y a 6 triples croches indiquées comme sextolet. Ce sextolet est fautif et induit les élèves en erreur. Presque tous accentuent de 3 en 3 et non de 2 en 2. Cramer aurait dû faire 3 groupes dans la mesure, supprimer le chiffre 6 du sextolet, car ces 6 notes sont le premier résultat de la subdivision binaire de 3 et ne forment pas un sextolet (c'est le résultat d'une règle et non d'une exception), enfin fractionner les temps ainsi : , c'est-à-dire deux triples croches pour chaque double croche, division binaire et non ternaire; six triples croches pour l'unité de temps ou la croche pointée. Combien de fois n'avons-nous pas entendu mal jouer cette Étude par des élèves même des premiers maîtres! Il en est de même de l'Étude sixième du second livre; il y a cependant une mesure $\frac{6}{4}$ correctement écrite; seulement, comme dès la 1re mesure, il y a un groupe de trois *la*, l'élève est tenté de faire un triolet, de donner un accent au premier *la*, puis au *do* suivant. Pendant les deux premières mesures, aucun obstacle; mais à partir de la troisième, elles deviennent boiteuses. Quel principe peut indiquer l'accentuation de ce morceau? Le voici : c'est une mesure composée de deux mesures à $\frac{3}{4}$; donc, chaque temps, représentant une mesure à 3 noires, doit être divisé en 3 et non en 2; donc, il faut pour les 6 croches valant un temps un accent de deux en deux et non de trois en trois. Exemple :

Il y a quelque temps nous fûmes consulté sur la manière dont devait être exécutée la 10e Étude de Ravina, op. 3, écrite comme il suit :

Le professeur tenait absolument à la faire jouer de la manière suivante : . Il faut ignorer complétement la théorie de la mesure pour se heurter contre des difficultés pareilles. La première question que nous posions à l'élève était : Est-ce une mesure simple ou composée ? Composée ! De quoi ? De 2 mesures à $\frac{3}{8}$. Donc, comptez 2 fois 3 dans chaque mesure. Mais le professeur trouva cela absurde et força l'élève à considérer les 3 doubles croches comme formant un triolet et à compter 4 temps pour toute la mesure. L'élève boita si bien, qu'arrivé à la 5e mesure qui renferme 6 croches avec un accent sur la 2e, il n'y avait plus moyen de continuer ; il fallut mettre l'Étude de côté. Cependant cette mesure est à peu près correctement écrite, quoiqu'elle fût mieux ainsi :

car les 3 tiers du temps frappent bien plus les yeux.

Le malheureux professeur sentait bien que la 1re double croche dé chaque groupe était forte, mais il ignorait la raison de ce fait, raison *rhythmique* et non *métrique*[1].

Il se présente assez fréquemment dans les mesures simples une suite de sextolets, qui, de prime abord et selon les lois de l'accentuation, paraissent exiger un accent de 3 en 3 ; mais, s'il y a aussi dans le chant des triolets, 3 notes au lieu de 2 pour chaque temps, ne fût-ce qu'une seule fois, il faut accentuer ces 6 notes de 2 en 2 dès le commencement.

Par exemple, dans le *Thème allemand*, de Leybach, on trouve, pages 6 et 7, un passage écrit de cette façon :

1. Cette liaison ou *coulé* a 5 fonctions : 1° elle déplace l'accent métrique, en donnant force et accent à la 1re double croche qui, sans cela, serait très-faible, étant la 2e moitié du 2e tiers de temps ; 2° elle ôte force, accent et valeur à la croche qui précède le point ou la virgule sur cette croche est inutile, car la dernière note d'une liaison rhythmique ne doit valoir que la moitié de sa valeur et être suivie d'un silence), croche qui, commençant une mesure, serait fortement accentuée sans cette liaison qui la désarme ; 3° elle ôte force et accent à la 2e double croche commençant le 3e tiers de temps ; 4° elle donne de l'unité au groupe entier ; 5° elle indique un jeu lié (*legato*).

Cette écriture paraît correcte et naturelle; cependant, elle est fautive; car, comme il y a, à la fin de la phrase, des croches pointées suivies d'une double croche,

cela, incontestablement, produit ici l'effet de triolets; donc, il vaut mieux, dès le commencement, accentuer de 2 en 2 comme il suit, afin de faire coïncider les notes accentuées de l'accompagnement avec celles du chant :

Le même cas se rencontre dans la *Harpe éolienne*, par Krüger; dans l'*Africaine*, par Vincent, etc.

Pour compléter cette étude sur la mesure et l'accentuation métrique, il nous reste encore à donner quelques indications sur la manière d'exécuter les mesures *surabondantes;* celles qui renferment des groupes, des traits en petites notes dont la valeur surpasse la durée normale prise comme unité de la mesure, de celles enfin, qui, outre la valeur complète représentée par la note formant le chant, contiennent encore des *traits* en petites notes. Quand on rencontre des mesures pareilles, il faut, autant que possible, les diviser par groupes *similaires*, c'est-à-dire analogues à ceux qui précèdent ou suivent, et selon le genre *binaire* ou *ternaire* qui caractérise les temps précédents et suivants, et rejeter à la fin le surcroît ou les irrégularités.

Dans la *Harpe éolienne*, de M. Krüger, on rencontre (page 8, ligne 1re) les mesures suivantes :

dont la deuxième, selon nous, est mal écrite, parce que les 2 groupes de 4 notes sont au milieu des triolets, au lieu d'être à la fin. Du reste, M. Krüger lui-même écrit la même mesure plus correctement 5 mesures plus loin.

Dans le *Carnaval de Venise*, par Schulhoff (dernière mesure de l'Introduction), on rencontre un trait de 45 quadruples croches sur 9 croches à la main gauche. Le simple bon sens semble indiquer qu'il faut diviser 45 par 9 et scinder le trait en 9 groupes de 5 notes chacun.

Eh bien! non, car rien n'est boiteux, antipathique au sentiment métrique comme une suite de groupes de 5 notes d'égale valeur. Oui, ces 45 notes doivent être divisées, fractionnées en 9 groupes, mais comme il suit : 6 groupes composés chacun de 6 quadruples croches : 1 pour chacune des 6 premières croches de la basse ; 3 groupes de 3 notes, dont un pour chacune des 3 dernières croches de la basse. De plus, les 6 premiers groupes doivent être joués excessivement *legato*, les 3 derniers *staccato*.

Tout légitime cette manière de fractionner ce trait, aussi bien les mots : *leggieramente, sempre simplice, poco retenuto*, qui se trouvent au commencement et durant le trait, que le *smorzando* de la fin.

Ce procédé paraît pécher contre l'indépendance des deux mains. Il n'en est rien. L'élève, en jouant d'abord ce trait très-lentement et très-accentué, comme nous venons de l'indiquer, finit par le faire avec facilité, élégance, égalité. Bien mieux, il finit par le jouer avec une indépendance complète des deux mains. Que de fois n'avons-nous pas vu des élèves, pendant des journées, des semaines sur ce trait, abandonnés à eux-mêmes, l'exécutant à leur guise, mais sans succès et sans progrès ; 5 minutes suffisaient au contraire pour arriver à jouer aisément cette mesure selon les procédés rationnels que nous venons de décrire.

Dans le *Nocturne* de Dœhler (op. 24, page 6) se trouve le passage suivant :

Il y a 15 petites notes dans le trait ascendant, 18 dans le descendant. Indubitablement il faut scinder les 18 notes du 2e groupe en 3, jouer 6 notes du trait sur chaque croche du chant. Cette accentuation nous donne la clef de l'interprétation du 1er trait, dans lequel, outre la noire formant le chant, il y a encore 15 petites notes. La note du chant devant être marquée, prendra évidemment un peu plus de valeur que chacune des petites notes. De plus, la seconde moitié de la mesure offrant 3 sextolets, il faut donner le caractère de sextolet à la première moitié. Cela nous conduira à écrire et à accentuer cette mesure de la manière suivante :

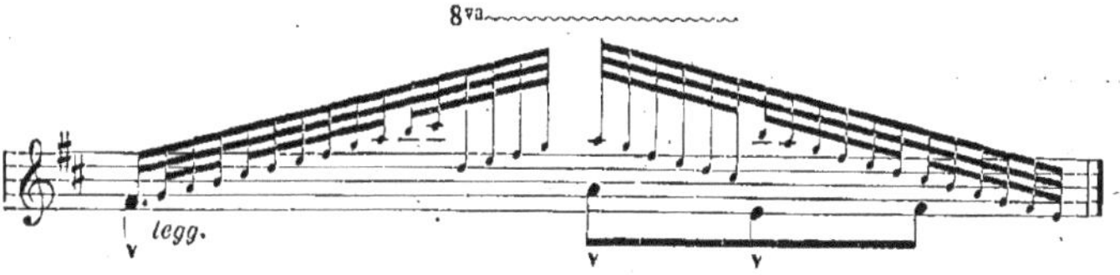

Tout dernièrement nous fûmes consulté par une élève qui jouait la fantaisie-caprice *le Carnaval de Venise*, par Hess. Arrivée à la page 4, elle se heurta contre la difficulté suivante :

Son professeur, qui pourtant est un compositeur distingué et fécond, lui conseillait de s'arranger comme elle pourrait. Nous ne pûmes nous contenter d'un tel à-peu-près, et voici la manière dont la question fut résolue: Quelle mesure? à $\frac{6}{8}$. Combien de notes à la basse? 6 croches. Que veut l'auteur? marquer la note du chant qui vaut à elle seule la mesure, tout en y introduisant le trait de petites notes. Eh bien! donnez au chant plus de *force* et plus de *valeur*, tout en lui enlevant sa durée complète. Divisez le trait de manière que chaque basse ait le même nombre de notes, si la chose est possible; sinon, rejetez à la fin de la mesure les notes de surplus. Donc, frappez sous la 1re note du chant 2 croches de la basse, prolongez-la sur la 3e basse, donnez à chaque note de la basse 4 notes du trait et il sera enlevé avec *brio*, tout en faisant ressortir le chant qui aura plus de force et plus de durée.

En un mot, quand le caractère de *triolet, sextolet*, etc., domine d'un bout à l'autre de la phrase, conservez-le, donnez plutôt une plus grande valeur à la note du chant que d'introduire des irrégularités, ou rejetez le surcroît à la fin du trait.

En résumé, considérez toujours le passage non-seulement en lui-même, mais encore avec son entourage; tenez compte des notes qui forment l'accord de la basse; tenez compte du doigté, de la facilité qu'offre un groupe à être enlevé avec plus de rondeur, de commodité, et mettez l'accent sur la note qui vient après la rupture du doigté.

---

§ 6. Du Temps.

Le lecteur a dû être frappé de l'importance du rôle qui appartient au *temps* dans le système des mesures.

Le temps remplit en musique la même fonction que la cellule en physiologie. Il est l'élément générateur des mesures, par suite des rhythmes, des périodes, qui constituent la charpente de ces édifices sonores, harmonieux et splendides, élevés par les Haydn, les Mozart, les Beethoven, les Weber, les Rossini à la gloire du génie humain.

C'est à J. J. Rousseau que revient, selon nous, le mérite d'avoir découvert la nature et le rôle du *temps* musical. Le premier, il en a fait l'*unité* de durée et l'*unité* de *mesure;* le premier, il a entrevu ses deux formes, *binaire* et *ternaire*, formes dont les combinaisons et subdivisions engendrent la multitude des coupes métriques et rhythmiques.

Loin de nous la prétention d'analyser le *temps* dans son essence. Nous plaçant à un point de vue purement pratique, nous nous bornerons à familiariser le lecteur avec les principales *formes* sous lesquelles il se présente le plus généralement.

Nous désignons chaque forme ou *coupe* par son nom usuel.

Coupes binaires.

1re Coupe : , appelée *legato* . . . .
2e Coupe : ou bien , appelée *staccato* . . . .
3e Coupe : ou bien , appelée *prolongée* . . . . . .
4e Coupe : , appelée *coulée* . . . .

Il est évident que les 3 dernières coupes ou manières résultent de la division du temps en quarts.

Coupes ternaires.

1re Coupe : , *legato*. . . . .
2e Coupe : ou bien , *staccato*. . . . .
3e Coupe : ou bien , prolongation du 1er tiers. .
4e Coupe : ou bien , prolongation du 2e tiers . .
5e Coupe : , coulé avec un silence sur le 3e sixième . .
6e Coupe : , coulé avec un silence sur le 5e sixième . .

Il est évident que les 5 dernières coupes ou manières résultent de l'unité du temps divisée en sixièmes.

Dès les premières leçons, il faut faire jouer les Exercices de ces différentes manières, quoiqu'ils soient écrits tous dans la première seulement. On les appliquera d'abord aux Exercices de 5 notes qui se trouvent au commencement de toutes les méthodes. Exemples :

Adaptez ces 4 coupes aux nos 10, 11, 19, 20, etc., de la 3e série de nos *Exercices de piano*. Aussitôt que l'élève saura appliquer ces *4 manières* aux premiers Exercices et qu'il les jouera avec aisance, on les étendra aux gammes, en ayant soin de donner à la *tonique* grave et aiguë la durée d'un temps. (Voyez les nos 16, 17-18, etc., de la 1re série de nos *Exercices*.) Enfin, on les associera aux Exercices d'arpége (2e série de nos *Exercices*).

Sur le piano et l'orgue, ces quatre manières présentent une complication assez grande, la main gauche pouvant jouer d'une manière, tandis que la droite joue d'une autre, ce qui donne pour les coupes binaires 16 combinaisons non-seulement possibles, mais fréquentes. Les voici :

Nous recommandons spécialement les coupes marquées d'une croix (†); car toutes les fois que la main gauche joue en *retard* sur la droite, la *coupe* présente de grandes difficultés, surtout en descendant. On les vaincra aisément en comptant *un et, deux et*, etc., en ayant soin de bien appuyer sur *un, deux*, etc., et en frappant la double croche sur la conjonction *et*.

La seconde manière (*staccato*) est aussi difficile en descendant pour la main gauche.

Voici un exemple des 16 manières appliquées à l'accord parfait majeur de *do :*

Avec la première coupe à la main gauche :

Avec la deuxième coupe à la main gauche :

Avec la troisième coupe à la main gauche :

Avec la quatrième coupe à la main gauche :

Aussitôt que l'exercice est bien exécuté en *majeur,* il faut le jouer en *mineur,* en baissant la *tierce;* il faut aussi l'exécuter dans l'étendue de 2, 3 et 4 octaves, dans tous les tons majeurs et mineurs, et cela en mouvement semblable et contraire[1].

Nous engageons le lecteur à combiner de la même manière les coupes ternaires.

Quant aux groupes contenant 4, 6, 8 notes, ils ne présentent évidemment pas d'autres combinaisons, car 4 notes sont le produit de 2 fois 2, 6 notes de 2 fois 3, ou de 3 fois 2, etc.

Les combinaisons que nous avons données sont le canevas de tous les dessins métriques.

Quiconque les a rationnellement comprises et étudiées ne peut se heurter contre des difficultés de mécanisme au point de vue de la mesure; mais celui qui ne pourrait exécuter, même une simple gamme ou le premier Exercice venu, de ces 16 manières, rencontrera à chaque pas des obstacles insurmontables.

Il est vraiment étonnant que la pensée de soumettre un Exercice quelconque à toutes les combinaisons métriques possibles ne se soit pas encore produite. Cependant, que de difficultés prévenues, vaincues d'avance par ces simples combinaisons! L'élève qui se sera rendu maître entièrement de ces coupes, lorsqu'il les exécutera dans les différentes combinaisons, s'occupera moins de la *valeur de chaque note prise individuellement* que du *groupe dont elle fait partie et de la manière dont celui-ci doit être rendu*[2]. Du même coup il donnera à la note et au groupe la durée et le toucher qui leur conviennent. L'élève doit aussi les appliquer aux leçons de solfége et aux morceaux de musique instrumentale (*Récréations et Études*) à contexture uniforme et égale, et avant de jouer un morceau quelconque, en distinguer et énoncer les différentes manières et combinaisons.

On nous demandera d'où vient que les compositeurs choisissent plutôt telle *coupe* que telle autre? C'est que la *coupe du temps* a la faculté de changer complétement le caractère d'un air. Prenons par exemple, l'air du *Pré aux clercs :*

Avec la première coupe, l'air a quelque chose de plaintif, de suppliant. En lui substituant la troisième manière, l'air prend un caractère impératif, menaçant, énergique. Exemple :

Cet exemple suffit pour légitimer le droit du compositeur de préférer, selon les circonstances, une *coupe* métrique à une autre. En général, la première coupe indique calme, absence de passions; la deuxième, légèreté, agitation, laisser-aller; la troisième, lourdeur, énergie, véhémence, menace; la quatrième, légèreté et élan, mais sans lourdeur ni rudesse.

Ce serait une étude curieuse que celle des rapports qui existent entre certaines contextures musicales et les mouvements qu'elles excitent; une dissertation sur ce sujet nous con-

1. Nos *Exercices de piano* renferment 203 Exercices sur l'accord de *do* majeur seulement. Chaque Exercice à coupe binaire peut être joué dans les 16 combinaisons; chaque Exercice à coupe ternaire peut être joué dans toutes les combinaisons résultant de 6 coupes ternaires.

2. La 1re et la 3e coupe exigent l'articulation des doigts : poignet et bras restent immobiles; la 2e coupe exige l'articulation du poignet dans les passage vifs, celle du bras dans les passages *portate* ; la 4e coupe exige une combinaison des doigts et du bras.

duirait, malheureusement, trop loin. Constatons seulement, ici, que certaines contextures provoquent des gestes et des mouvements spontanés, non-seulement chez les chanteurs, mais encore chez les instrumentistes.

---

§ 7. Exercices pratiques.

La faculté la moins cultivée, et qui, plus que tout autre, fait défaut, c'est le sentiment de la mesure, c'est-à-dire la faculté de donner à chaque note la durée exacte et à appliquer à une durée quelconque 1, 2, 3, 4, 6, 8 notes d'égale valeur.

Ce défaut paralyse le progrès des élèves et les empêche de déchiffrer.

Cela est si vrai, qu'une fois la mesure tambourinée, martelée dans leur oreille, c'est-à-dire quand le professeur leur a seriné une page, le plus souvent les difficultés de mécanisme proprement dites ne leur offrent plus d'obstacles sérieux.

Il est essentiel de ne pas mettre, en comptant, un trop grand intervalle entre les temps. Plus les accents métriques sont rapprochés, plus l'oreille se montre sensible à la moindre irrégularité.

Notre œil ne peut embrasser un trop grand espace et a besoin de points de repère; à plus forte raison notre oreille est-elle incapable de conserver le sentiment de l'unité, de la régularité, quand les sons-jalons sont trop éloignés; son besoin du retour périodique des sons forts s'affaiblit quand ils sont trop distants les uns des autres.

Nous engageons donc professeurs et élèves à décomposer les mesures dont les temps sont trop chargés. Par exemple, dans les *adagio*, *andante*, les *largo*, etc., où il y a 8, 12, 16, jusqu'à 24 notes par temps, il faut regarder chaque temps, même chaque demi-temps, comme si c'était une mesure.

Quand le dessin du rhythme, quand la coupe métrique change, on doit aussi changer la manière de compter qui ne doit nullement s'appliquer à un morceau entier, mais seulement à une phrase. Quelquefois on compte de trois ou quatre manières différentes dans une même page. Ce changement doit avoir lieu au commencement de chaque phrase si elle amène des groupes de notes, des dessins différant des précédents. Exemples: l'*Adieu*, de Dusseck, l'Adagio de la *Sonate pathétique*.

Autant que possible, il faut faire coïncider, en comptant, le nombre des temps comptés avec le nombre des temps que contient le *rhythme;* par exemple dans les valses, les rhythmes étant de 6 temps, 2 mesures à 3 temps simples, il vaut mieux compter 6 pour deux mesures que deux fois trois.

Quel que soit le morceau à chanter ou à jouer, examinez, dès le déchiffrage, si l'indication de mesure est correcte, si c'est une mesure à 2, 3 ou 4 temps; voyez par quelle note (fraction de la ronde) le temps est représenté.

Ensuite examinez:

1° Si la mesure est simple;

2° Si la division des temps est *binaire* ou *ternaire*, soit régulièrement, soit exceptionnellement;

3° Combien il y a d'accents métriques dans chaque mesure, dans chaque temps ;

4° Sur quelles notes chaque accent métrique doit tomber ;

5° Voyez surtout si les temps sont correctement écrits. Corrigez, séparez, groupez les notes, afin que celles qui ensemble forment un temps et celles qui doivent recevoir l'accent métrique sautent aux yeux. La moindre négligence à cet égard peut fausser l'accentuation. Combien faut-il compter et comment faut-il décomposer ?

Voyez s'il y a, dans les mesures simples, 6 notes qui en remplacent 4 ; dans les mesures composées, 6 qui en remplacent 3.

Tenez compte des triolets, des sextolets, etc. ; de tous les faits exceptionnels relatifs à la mesure.

Accentuez surtout énergiquement la 1re note de la mesure dans les *danses, rondo, polonaises, boléro, allegro, presto,* dans les *fugues* et *canons,* car dans ces sortes de compositions, c'est l'*accent métrique* qui doit dominer et se faire sentir. Moins dans les *adagio, andante, largo,* etc.

Quelques auteurs, pour faire marquer énergiquement la 1re note de chaque mesure et du temps et mettre en relief les accents métriques, écrivent : *Bien rhythmer.* Cette expression mal choisie n'a ici nul rapport avec la phrase.

Nous terminons ces conseils en recommandant nos *Exercices de piano ;* ils sont applicables à *tous les instruments* et donnent puissamment le sentiment de la mesure. Toutes les coupes *métriques* (dessins de mesures), usitées dans la musique moderne, y sont employées sous forme de gammes et d'arpéges.

CHAPITRE V.

DE L'ACCENTUATION RHYTHMIQUE.

La musique n'a aucun signe spécial pour indiquer les *rhythmes;* la ligne courbe ⁀ qu'on emploie aussi bien pour indiquer le *legato* que pour grouper les différentes notes composant un rhythme ou un membre d'une phrase musicale, est le plus souvent placée à contre-sens.

Il est donc indispensable de donner à l'exécutant les moyens de reconnaître chaque *rhythme*, afin qu'il puisse faire sentir les notes *initiale* et *finale* de chacun et leur donner un relief spécial. Mal rhythmer, c'est mal ponctuer et mal accentuer; et de même qu'il importe de laisser à chaque mot, à chaque membre de phrase, à chaque phrase, sa signification spéciale, de même il importe, en musique, de rhythmer, d'accentuer, selon la tendance naturelle des notes, selon les lois d'attraction qui président à leur groupement et leur donnent un sens.

Pour bien exécuter, il faut donc, avant tout, apprendre à bien rhythmer.

Pour obtenir ce résultat, prenez quelques romances, chansonnettes ou chœurs, placez-y, au-dessus de la note qui tombe sur la dernière syllabe de chaque vers, une grosse barre verticale[1], ainsi qu'on le fait pour séparer les mesures, et vous obtiendrez des groupes de notes, des groupes de mesures, dont chacun porte le nom de *rhythme*. Un rhythme c'est donc un ensemble de notes qui correspondent à un vers. Supposons que le lecteur fasse cette opération sur les morceaux suivants[2].

N° 1. *Rhythmes de 1 mesure composée à 4 temps.*

ROBERT SCHUMANN.

N° 2. *Rhythmes de 1 mesure, à cheval sur deux mesures simples à 3 temps.*

CHANSON AUTRICHIENNE.

---

1. Voyez Reicha, *Traité de mélodie*; Choron et de La Fage, *Traité de mélodie* (collection Roret).
2. Les exemples suivants sont tirés des *Échos d'Allemagne et de France*, Paris, Flaxland.

Nº 3. *Rhythmes de 2 mesures simples à 2 temps.*

Nº 4. *Rhythmes de 2 mesures composées à 2 temps.*

Nº 5. *Rhythmes de 2 mesures simples à 3 temps.*

Nº 6. *Rhythmes de 3 mesures simples.*

Nº 7. *Rhythmes de 3 mesures composées.*

Nº 8. *Rhythmes de 4 mesures simples.*

Nº 9. *Rhythmes de 4 mesures composées à 2 temps.*

DOMINICK.

Char - mant ruis-seau, le ga-zon de tes ri - ves N'est plus pour moi le trô-ne de l'a - mour.

N° 10. *Rhythmes de 5 mesures.*

MENDELSSOHN. *L'Éden au bord du Gange.*

N° 11. *Rhythmes de 6 mesures.*

SCUDO. *Le Fil de la Vierge.*

N° 12. *Rhythmes mêlés.*

MOZART. *Don Juan.*

N° 13. *Rhythmes de 10 mesures.*

VERDI. *Traviata.*

Ces exemples nous montrent que tout vers est susceptible d'être mis en musique et *vice versâ*. Le rhythme est donc le moule dans lequel le vers est coulé: c'est son vêtement. De même qu'il y a des vers longs et des vers courts, de même il y a des rhythmes composés de 1, de 2, de 3, de 4, de 5, de 6, de 7, de 8 mesures, etc. La *mesure* joue donc le rôle d'unité dans le *rhythme* comme le *temps* dans la *mesure*. Deux, trois, quatre mesures forment un rhythme, comme deux, trois, quatre temps forment une mesure.

§ 1. Des Rhythmes réguliers et irréguliers.

Dans les mouvements vifs, l'oreille ne goûtant que les mesures à deux et à quatre temps, préfère aussi les rhythmes composés de deux et de quatre mesures[1].

Les rhythmes des cinq premiers numéros sont *réguliers*. Quant aux rhythmes de trois mesures et à ceux qui résultent de leur combinaison avec les rhythmes de deux et de quatre, savoir : les rhythmes de cinq, de six, de sept, de neuf, de dix mesures, etc., ils sont appelés *irréguliers*.

Les rhythmes des numéros 6, 7, 10, 11, 12, 13 sont *irréguliers*.

Les compositeurs emploient les cinq procédés suivants pour obtenir des rhythmes irréguliers : 1° *la contraction*, 2° *la dilatation*, 3° *la répétition*, 4° *les progressions mélodiques*, 5° *l'écho*, qui en réalité n'est qu'une répétition. Le n° 12 de nos exemples est un spécimen précieux ; on y voit non-seulement l'emploi de différents procédés, mais encore la manière de rhythmer des Mozart, des Beethoven, etc., qui font un usage fréquent des rhythmes irréguliers.

A la fin de la 1re phrase de cet exemple, on trouve la *répétition* et la *contraction*, c'est-à-dire trois mesures au lieu de quatre, et à la fin de la 2e phrase, au contraire, on rencontre un rhythme *dilaté* de cinq mesures au lieu de quatre.

Ainsi, *contracter* un rhythme c'est diminuer la valeur des notes en réunissant deux mesures en une seule ; *dilater* un rhythme, au contraire, c'est doubler une mesure en prolongeant ou répétant une ou plusieurs notes. Exemple :

MENDELSSOHN. *L'Eden aux bords du Gange.* (N° 10.)

Quant à la répétition, elle résulte de l'emploi réitéré d'une ou de plusieurs mesures. Le n° 11, qui offre des rhythmes de six mesures contenant des *répétitions*, peut être réduit à des rhythmes de quatre par suppression de la répétition.

(N° 11, page 15.)

1. Voyez *Accent métrique*. Si les valses semblent faire exception, c'est que, dans l'exécution, on réunit instinctivement deux mesures simples à 3 temps en une mesure composée à 2 temps.

Il est évident que cette *mutilation* ôte au morceau toute valeur et toute originalité. Aussi bien opérons-nous simplement pour montrer comment il faut analyser les rhythmes.

Le *Brindisi* de la *Traviata*, n° 13 de nos exemples, mutilé de cette façon, perdrait de même toute sa beauté.

Souvent, au lieu de répéter une mesure, on répète un dessin rhythmique par mouvement, soit ascendant, soit descendant, ce qui produit des *progressions mélodiques*, détruisant aussi la régularité du rhythme. Exemple :

Enfin une dernière cause d'irrégularité rhythmique c'est *l'écho*. Exemple :

ROSSINI. *Ouverture du Barbier.*

au lieu de :

L'écho de cette phrase offre cette particularité qu'il est *descendant*. Quoique le fait paraisse peu naturel, il est néanmoins assez fréquent.

MOZART. *Sonate en fa.*

Si les compositeurs ont à leur disposition des moyens pour briser la régularité, l'uniformité des rhythmes, ils n'en manquent pas non plus pour la rétablir. Les plus usités sont *l'ellipse*, la *coda* et le *point d'orgue.*

L'ellipse consi te dans une note ou même une mesure qui joue double fonction, qui sert à la fois de finale à un rhythme et d'initiale au suivant. Voyez, page suivante, *Mignon* de *Beethoven.* Autre exemple:

ROSSINI. *Barbier.*

Le premier *mi* ♭ de la neuvième mesure forme *ellipse:* il joue le double rôle de note initiale et de note finale.

La *coda* est la répétition des dernières mesures d'une phrase ou l'addition de quelques mesures qui donnent aux morceaux composés de rhythmes trop similaires un sens terminatif beaucoup plus énergique.

MOZART. *Sonate en* la *majeur.*

Nous allons terminer l'exposition des procédés qu'emploient les compositeurs pour briser et pour rétablir la régularité des rhythmes, par un exemple tiré de Beethoven, qui nous montrera les ressources que peut offrir l'accompagnement et l'office important qu'il exerce dans ces sortes de manipulations et de transformations rhythmiques.

BEETHOVEN. *Mignon.*

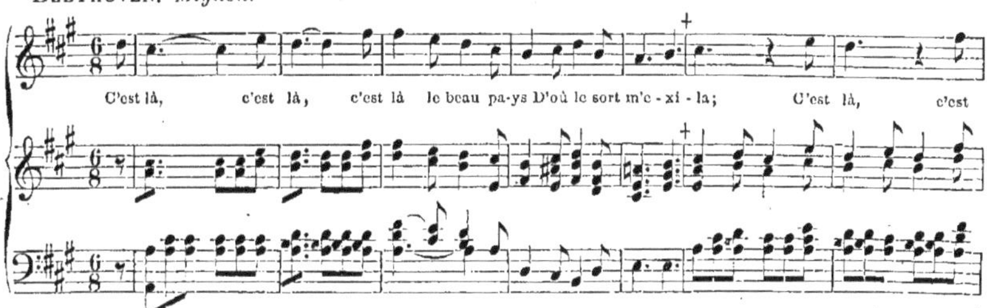

La croix de la 6e mesure indique une véritable mesure elliptique, une mesure concentrée. résultant de deux. Mozart emploie souvent le point d'orgue (valeur d'une mesure) pour rétablir la carrure rhythmique. Voyez le *Presto* de la 14e *sonate en fa,* la *Fantaisie en ré mineur,* etc.

---

§ 2. Des rhythmes masculins et féminins.

Le lecteur a dû remarquer que certains rhythmes finissent au commencement d'une mesure ou sur le temps fort; leur dernière note coïncide avec une syllabe forte: on les appelle *masculins.* D'autres, au contraire, tombent au milieu d'une mesure, sur un temps faible: on les appelle *féminins.* Ainsi, dans le n° 3 que nous reproduisons ci-dessous, le premier rhythme est *féminin,* il se termine par une syllabe muette «*guillerette*» sur le 2e temps; le deuxième rhythme est *masculin,* il se termine par une syllabe forte «*coursier*» sur le 1er temps.

Le n° 2 offre trois rhythmes féminins successifs suivis par un masculin.

N° 2. CHANSON AUTRICHIENNE.

Le n° 8, de Grétry, commence et se termine par deux rhythmes masculins, au milieu desquels s'en trouve un féminin.

Cependant on rencontre très-fréquemment sur la dernière note d'un rhythme masculin, c'est-à-dire se terminant sur la première note d'une mesure, une syllabe muette, et sur la dernière note d'un rhythme féminin, se terminant sur un temps faible ou partie faible d'un temps, une syllabe forte. Exemple :

Gaveaux.

Évidemment, le premier rhythme, qui se termine au 2e temps de la 2e mesure sur la syllabe «*bien*», et le deuxième rhythme, qui finit à la 4e mesure sur le mot «*cœur*», sont féminins; cependant les syllabes «*bien*» et «*cœur*» sont fortes. Le troisième rhythme, qui se termine avec le 1er temps de la 8e mesure sur la syllabe «*tes*» est masculin; cependant cette syllabe est muette, faible. Voilà donc des rhythmes *intervertis:* le féminin devient masculin et le masculin féminin. Cette *interversion* est obtenue par les deux procédés suivants : 1° en donnant à la *dernière* syllabe d'un vers fort ou masculin plusieurs notes, la syllabe forte peut tomber sur une note faible ou sur la dernière note d'un rhythme féminin; 2° en prolongeant l'*avant-dernière* syllabe d'un vers faible, féminin, c'est-à-dire en lui assignant *une plus grande valeur ou plusieurs notes,* la dernière syllabe, qui est faible, peut tomber sur une note forte, dernière note d'un rhythme masculin. Ainsi, pour que la dernière syllabe d'un vers masculin (une syllabe forte) puisse tomber sur la dernière note d'un rhythme féminin (faible), il faut *amortir la dernière syllabe* en la *prolongeant* ou en lui attribuant *plusieurs notes;* pour que la dernière syllabe d'un vers féminin (syllabe faible) puisse tomber sur une note forte, sur la dernière note d'un rhythme masculin, il faut *prolonger l'avant-dernière syllabe*, en lui donnant soit une plus grande valeur, soit plusieurs notes.

L'importance assurée par ce moyen à la pénultième syllabe enlève de la force à la dernière.

Dans l'exemple ci-dessus, ces deux règles sont strictement observées.

Autres exemples :

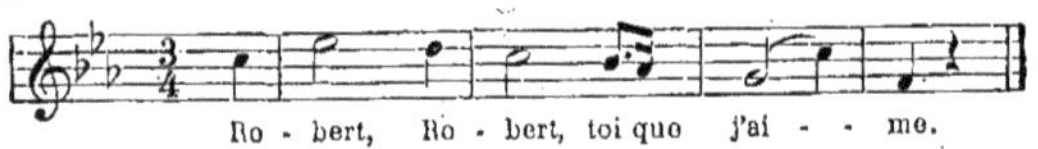

Ce rhythme, évidemment masculin, a pu recevoir une syllabe muette féminine, parce que l'on a prolongé l'*avant-dernière* syllabe (ai) de *aime,* en lui donnant deux notes.

Nous ferons remarquer que les compositeurs peuvent user de ces procédés, mais ne doivent pas en abuser. Nous pourrions citer des compositions dans lesquelles presque tous les rhythmes sont intervertis: vers féminins pour des rhythmes masculins, vers masculins pour des rhythmes féminins.

Le rhythme féminin, quoique terminé par une syllabe *muette*, devient fort:

1° Quand il finit par une *syncope*, c'est-à-dire quand la deuxième note de la mesure finale a une plus grande durée que la première[1].

CHOPIN. *Op.* 30, *n°* 2.

CHOPIN. *Op.* 7, *n°* 2.

Les rhythmes syncopés sont de véritables rhythmes intervertis. Exemple:

CHOPIN.

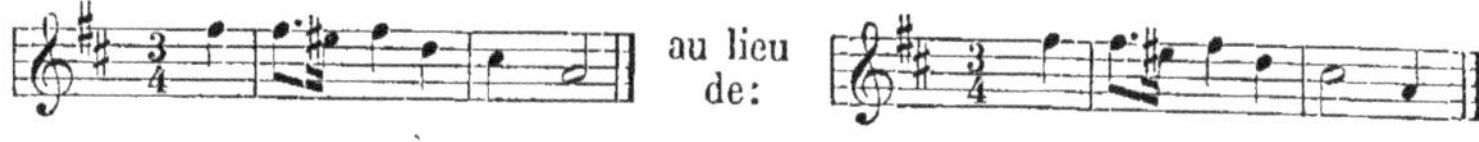

VERDI.

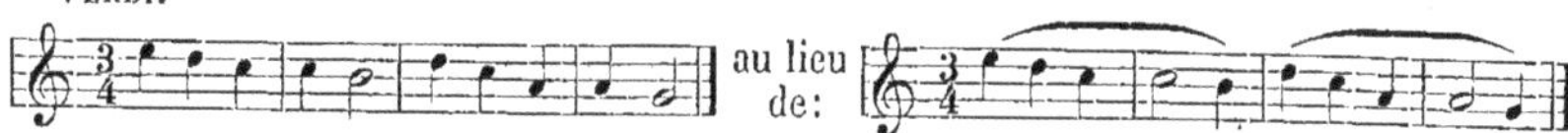

Cette interversion, mettant une syncope, une note très-forte, à la place d'une note très-faible, donne aux finales de ces sortes de rhythmes une énergie très-grande.

2° Quand la dernière note est précédée d'un silence.

3° Quand la dernière note est une *répétition temporale*. (Voyez page 58.)

1. C'est en réalité un rhythme *pathétique*, car la syncope est essentiellement de son domaine. (Voyez *Accent pathétique*.)

4° Quand la dernière note se prolonge sur la première du rhythme suivant:

CHOPIN. *Op.* 7, *n°* 4.

Nous ne pouvons abandonner l'interversion des rhythmes, sans attirer spécialement l'attention des lecteurs sur un abus du procédé. Souvent les compositeurs, en dépit de la logique, se permettent des interversions qui ne sont nullement en harmonie avec le caractère du morceau, ou même qui sont en flagrante contradiction avec les *indications* d'expression qu'ils donnent. Par exemple, qu'on rencontre dans une danse ou dans une pièce essentiellement élémentaire la phrase qui suit:

on devra corriger la 2e mesure sans hésiter; car il n'est pas présumable que l'auteur ait voulu employer, en dehors de toute logique, un moyen d'expression si énergique dans un enfantillage pareil. Il faudra donc exécuter comme suit:

Ainsi, il faut examiner si l'auteur a voulu employer un rhythme *pathétique*, ou s'il y a simplement une faute résultant d'une écriture négligée.

Voici encore un exemple contenant des rhythmes *intervertis*, mal écrits selon nous, que nous trouvons dans un morceau très-répandu en Allemagne:

D'une part, à ne considérer que la *liaison rhythmique*, la ligne courbe, nous voyons qu'elle est placée sans soin, même à contre-sens. D'autre part que signifie ce *decrescendo* sous *fa mi* de la 2e mesure, sous *sol la* de la 4e? L'auteur, évidemment, a senti que le *mi* de la 2e mesure, le *la* de la 4e, étaient terminatifs d'un rhythme féminin; donc, ces deux notes devraient être faibles et suivies d'un silence.

Toutes ces négligences nous prouvent que l'auteur a mal écrit et nous rétablissons ainsi la phrase conformément aux lois rhythmiques:

Andante.

Une autre faute assez fréquente que commettent les compositeurs, c'est de mettre de petites notes (notes d'agrément ou *gruppetto*) devant la dernière note d'un rhythme féminin, au lieu de notes *réelles*. Cette orthographe est essentiellement défectueuse, car ces petites notes, non précédées d'un *trille,* sollicitent l'exécutant à accentuer la note qui suit, et dans ce cas-ci elle doit être très-faible. On nous objectera, peut-être, qu'on sent que cette dernière note doit être faible. C'est une erreur: on ne le sent pas. Si on le sentait, quatre-vingt-dix personnes sur cent joueraient autrement qu'elles ne le font. D'ailleurs pourquoi ces *indications*, sinon pour avertir ceux qui ne sentent pas? Et alors, pourquoi les avertir de mal jouer? Ainsi, dans le *Thème allemand* de Leybach (page 2, dernière mesure) on trouve :

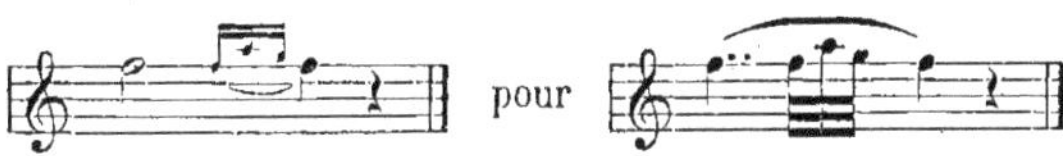

Dans *Guillaume Tell* de Thalberg, page 7, on trouve:

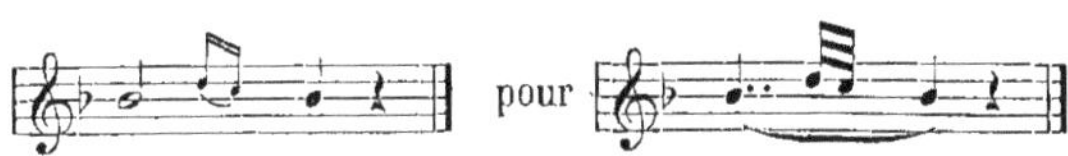

La même négligence se présente page 10, première ligne.

Dernière remarque. Beaucoup de compositeurs ont l'habitude de mettre sur ou sous la dernière note d'un groupe couvert par une liaison rhythmique un point ou une virgule. Exemple:

ou

Ce point, cette virgule sont inutiles et excitent l'exécutant à accentuer une note qui, au contraire, doit être enchaînée à la précédente et enlevée délicatement.

---

§ 3. De la Note initiale des rhythmes.

Le lecteur a dû remarquer dans les exemples n°s 1, 2, 3, 4, etc., que les rhythmes ne commençaient pas avec la première note de la mesure. Effectivement, un rhythme peut avoir sa note *initiale* et sa note *finale* non-seulement sur *chaque temps* fort ou faible de la mesure, mais encore sur chaque fraction de temps.

Le rhythme final seul doit tomber au commencement d'un temps.

Ce fait étant d'une importance capitale, nous allons donner un exemple des cas les plus usités:

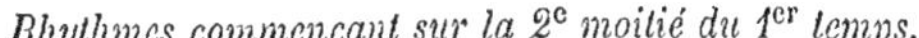
Rhythmes commençant sur la 2e moitié du 1er temps.

Rhythmes commençant sur le 2e tiers du 1er temps.

Rhythmes commençant sur le 2e quart du 1er temps.

Rhythmes commençant sur le 3e quart du 1er temps.

Rhythmes commençant sur le 4e quart du 1er temps.

Rhythmes commençant sur le 2e quart du 2e temps.

Rhythmes commençant sur la 2e moitié du 2e temps.

Rhythmes commençant sur le 3e tiers du 1er temps.

Rhythmes commençant sur le 3e sixième du 2e temps.

Rhythmes commençant sur le 2e tiers du 3e temps.

Il est inutile de donner d'autres exemples. Le lecteur a dû remarquer que généralement le deuxième rhythme commence sur le même temps, sur la même fraction de temps que le premier, et avec les mêmes durées, c'est-à-dire offrant le même dessin rhythmique.

Dans le rhythme final, cependant, il y a ordinairement changement dans la durée et le dessin. Cela est logique: le premier rhythme étant *suspensif*, le dernier le serait également, si on n'y introduisait pas de modification. Après avoir répété 4, 8, 12 fois, etc., le même dessin rhythmique, les compositeurs en forment d'autres, afin de rompre l'uniformité résultant de la persistance du premier. C'est l'enchaînement symétrique, la succession de ces différents dessins rhythmiques, qui forment l'ossature d'une composition.

Nous avons détaché avec intention la finale ou *dernière note* de chaque rhythme du 5e et avant-dernier exemple. Selon nous, la première note d'un temps, si elle est la dernière du rhythme précédent, ne doit pas être groupée avec les notes qui, avec elle, forment le temps.

On est quelquefois embarrassé pour savoir comment il faut compter le nombre des mesures qui forment un rhythme et pour déterminer le point où il commence; voici un principe qui facilitera cette recherche: les notes appartenant au rhythme suivant que renferme la mesure, contenant aussi la note finale du rhythme précédent, ne comptent pas au point de vue numérique. Elles ne comptent que quand il y a ellipse. Ainsi dans l'avant-dernier exemple les quatre notes de la mesure initiale ne comptent pas au *point de vue du nombre métrique;* ce rhythme ne commence qu'après ces quatre notes, qui sont des notes d'*élan*, de *remplissage*. Il faut donc considérer ce rhythme comme s'il y avait:

Beaucoup de professeurs et d'élèves, en étudiant les morceaux, font très-mal les *reprises*. Quand le passage à étudier commence au milieu d'une mesure, ils reprennent toute la mesure, les notes finales du rhythme précédent aussi bien que les notes initiales du rhythme suivant. C'est une détestable habitude qui nuit à la culture du sentiment rhythmique; c'est comme si on reprenait, en lisant, les derniers mots de la phrase précédente, au lieu de commencer après le point.

§ 4. De la Phraséologie musicale.

Le fait principal qui nous frappe, sous le rapport du rhythme, quand nous entendons exécuter un morceau de musique, c'est que la dernière note de chaque rhythme est accompagnée d'une flexion, d'une chute de la voix ou du *son* qui produit l'impression d'un repos plus ou moins complet, ordinairement confirmé par un silence plus ou moins long. Comme les rhythmes sont généralement réguliers et présentent des groupes symétriques, il en résulte que ces chutes ou *cadences*, ces repos, ces silences reviennent avec une certaine régularité. Après un certain nombre de rhythmes, il en est un qui est terminé d'une manière définitive par une note appelée *tonique*. La tonique en cette occasion satisfait tous les désirs de l'oreille et lui apporte le sentiment d'une conclusion: la phrase est finie.

Une suite de rhythmes, dont le dernier est terminé par un son qui apporte à l'oreille le sentiment du repos final *complet*, forme une phrase musicale. Un membre de phrase, au contraire, c'est un rhythme, un groupe de sons dont le dernier est appellatif, suspensif, qui n'apporte à l'oreille qu'un repos incomplet, le désir d'une autre suite de sons.

La propriété que possèdent certains sons, de pouvoir apporter à l'oreille le sentiment d'un repos plus ou moins complet, est la base de la *cadence*[1]. La cadence est exactement

1. Voyez dans nos *Exercices de piano* le chapitre de la *Cadence*, page 83. Cette propriété tient à des causes de natures diverses: *métriques, rhythmiques* et *tonales*. Il est certain que, pour pouvoir offrir un sens, un *repos*, même simplement numérique, les coups que bat le tambour doivent être soumis aux conditions suivantes: 1° il faut qu'il y ait mesure, c'est-à-dire un coup plus fort arrivant périodiquement de 2 en 2, de 3 en 3 ou de 4 en 4; 2° qu'il y ait dessin rhythmique, c'est-à-dire répétition de 2 en 2, de 4 en 4 mesures au plus, des mêmes notes, des mêmes valeurs, de la même division de la mesure, des temps présentant ainsi des groupes similaires, symétriques; 3° qu'il y ait régulièrement au bout de 8, de 12 ou de 16 mesures, un point d'arrêt, de repos. Ce repos est obtenu: 1° par une note tombant au commencement de la dernière mesure, ayant une grande valeur (durée), ou étant suivie d'un silence; 2° par une note tombant sur un temps faible, précédée d'une note ayant une valeur supérieure, ou du moins égale à la dernière, ou 3° enfin, par une note tombant sur le temps faible, précédée de plusieurs notes ayant chacune moins de valeur que la dernière. Exemple:

il serait encore terminatif, quoique le repos final, dans cette dernière manière, ne soit pas aussi complet que dans les autres, comme on peut le comprendre. Cette fin de la phrase, en effet, ne diffère pas assez de la fin du premier rhythme. Or, comme le premier est simplement *suspensif*, ce vague persiste aussi pour la fin qu'il vaudrait mieux rendre plus franche, plus décidée. Si, au contraire, on terminait l'exemple comme suit:

ou ou ou etc.

il ne serait pas *terminatif*, aucune des conditions rhythmiques pour obtenir une fin, un *repos* final, ne s'y trouvant observée[a].

a. Voici un fait des plus remarquables: un simple rhythme ne peut terminer dans les mesures à 3 temps sur la partie faible du 2e temps, tandis que la partie faible du 3e temps a la faculté de pouvoir finir un rhythme. Exemple:

Torrent par Marcailhou.

Il est certain que l'oreille n'est pas satisfaite de la note finale de ces 2 rhythmes, quoique la basse complète la mesure. Elle voudrait 1 ou 2 notes de plus. Exemple:

Eh bien, transformez cette phrase en une mesure à deux temps, et la fin si choquante à 3 temps devient bonne à 2. Exemple:

à la musique ce qu'est la ponctuation au discours. De même que la ponctuation d'une phrase grammaticale exige des repos plus ou moins longs, selon le sens plus ou moins complet que contient chaque mot, chaque groupe de mots qu'elle est destinée à séparer, de même la cadence plus ou moins complète, selon le sens musical plus ou moins achevé que contient le groupe de sons dont elle est finale, exige un repos, un silence plus ou moins long, dont les chanteurs profitent pour reprendre haleine. Les différentes *cadences* qui font sentir la fin des phrases, des membres de phrase, des *hémistiches*, des *incises*[1] d'un air, présentant tous les éléments d'une *phraséologie* musicale, ont reçu le nom de: *cadence complète, incomplète, rompue;* de *demi-cadence*, de *quart de cadence*, etc., correspondant au point, au point et virgule, au double point, au point d'interrogation, d'exclamation, de suspension, à la virgule.

Nous allons offrir un spécimen curieux de ponctuation musicale; c'est l'analyse textuelle faite en 1737 sur un Menuet, par le célèbre théoricien Mattheson dans sa *Théorie de la science mélodique*[2]:

«Le tout forme un paragraphe ou ensemble de 16 mesures qui, avec les répétitions «prescrites, en produisent 48. Ce paragraphe est composé de deux périodes ou phrases «marquées par un point (.) et un double point (:); elles se subdivisent en demi-phrases

Si maintenant, outre un sens purement numérique ou rhythmique, on voulait imprimer à ces dessins un sens musical, si on voulait avoir une phrase musicale, on y parviendrait moyennant ces deux conditions: 1° employer des notes appartenant à une gamme majeure ou mineure; 2° terminer le dessin par la *tonique*.

Essayez d'ôter la dernière note d'un air, même d'une simple gamme, et vous aurez un corps décapité. C'est comme si vous enleviez à une phrase grammaticale son régime.

Cette dernière note indispensable est la tonique, avons-nous dit, tonique primitive ou tonique nouvelle quand il y a eu modulation.

Qu'on applique, au contraire, à ces dessins de notes naturelles, des *dièses*, des *bémols* pris au hasard, c'est-à-dire appartenant à différentes *tonalités*, on n'obtiendrait aucun sens musical; si on y appliquait des notes formant un accord de 7e de dominante, on obtiendrait un sens musical simplement suspensif et non complet. Donc, pour en obtenir une phrase musicale complète, il faut y appliquer des notes d'un accord parfait et d'un accord de 7e de dominante pour le moins. En résumé, trois éléments sont nécessaires pour constituer une phrase musicale: la *mesure*, le *rhythme*, la *tonalité*. C'est la fusion de ces trois éléments qui forme les assises du splendide monument qu'on appelle musique moderne. Le dessin métrique et rhythmique en forme la charpente; la tonalité dans son double mode en est le souffle, la vie, l'âme. D'ailleurs il est difficile d'imaginer une suite de sons ayant un sens musical, qui ne renferme en même temps des éléments rhythmiques. Voyez, *Mouvement passionnel*, deux autres faits qui contribuent à imprimer à la *tonique* finale le caractère terminatif.

1. Voyez la page suivante.

2. *Kern melodischer Wissenschaft*, par Mattheson; Hambourg, chez Ch. Herold, 1737.

« (colon) marquées par un point et virgule (;) et en quarts de phrase indiqués par les trois « virgules (,) (semi-colon). L'astérisque (*) à la première et à la cinquième mesure indique « la triple *emphase* (accent pathétique). Le rapport géométrique (les rhythmes) est indiqué « par les quatre croix (†) et les pieds forts et faibles par — et ⏑. Les mesures 5 et 6 ont « le même nombre de pieds que la première et la deuxième. Les valeurs des neuvième et « dixième mesures sont reproduites aux onzième et douzième; d'où naît l'uniformité arith- « métique. »

Nous n'ajouterons rien à cette analyse si bizarre et si remarquable, surtout pour l'époque où elle a été faite; nous ferons seulement remarquer que Mattheson déjà donnait le nom d'*emphase* (accent pathétique), c'est-à-dire *son* fort en dehors de la mesure et du rhythme, à la *syncope fa* ♯ de la 1re mesure, à la voisine aiguë *fa* ♯ *sol* ♯ *fa* ♯ et à l'intervalle de 7e diminuée *sol* (aigu) — *la* ♯ de la 6e mesure. (Voyez *Accent pathétique*.)

---

§ 5. Des Hémistiches et des Incises[1].

Nous venons de voir que la longueur des rhythmes correspond à la longueur des vers, qu'il y a des rhythmes *masculins* et des rhythmes *féminins*, comme il y a des vers masculins et des vers féminins; que les différentes cadences ou points de repos correspondent exactement aux différents signes de la ponctuation grammaticale. L'analogie entre un vers et un rhythme ne s'arrête pas là; car de même qu'un vers se fractionne en hémistiches et incises par la césure, de même un rhythme peut être partagé en plusieurs fragments dont chacun offre un repos plus ou moins complet. Si, par exemple, nous examinons de près le rhythme du nº 9, page 40, nous verrons qu'il offre un repos, une césure, après la 4e syllabe et qu'il pourrait être écrit comme suit:

L'exemple suivant offre une césure après la 6e syllabe :

---

1. Hémistiche (du grec *hemi*, demi, et *stikhos*, vers), moitié d'un vers héroïque ou alexandrin.

Césure (du latin *cæsus*, coupé), section du vers, repos suspensif qui se place ordinairement dans les vers alexandrins après la sixième syllabe, c'est-à-dire entre les deux hémistiches; dans les vers de dix et de huit syllabes, après la quatrième syllabe.

Incise (du latin *incisus*, coupé), un mot ou ensemble de mots formant un sens détaché, quand il a peu d'étendue. Exemple :

Que toujours dans vos vers le sens, coupant les mots,
Suspende l'hémistiche, en marque le repos.

Dans ces deux vers il y a *incises* après *toujours* et *sens* et deux *hémistiches* après *vers* et *l'hémistiche*.

Donc chacun de ces trois rhythmes est partagé en deux demi-rhythmes ou *hémistiches*. De même que les rhythmes se coupent en *hémistiches,* ceux-ci se scindent en *incises*. Exemple:

Dans cet exemple le premier rhythme offre une *incise* après «*une*» et après «*fièvre*», le second après «*jour*». Le dernier rhythme du n° 8 renferme 7 incises:

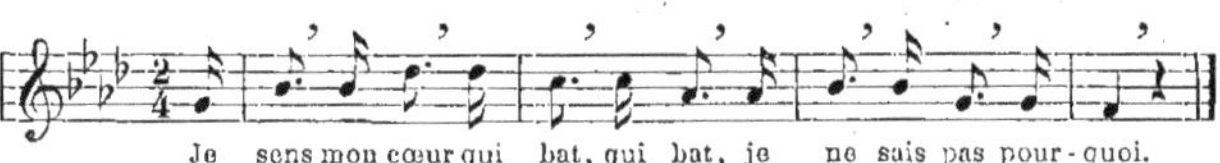

Ces exemples nous montrent que les *hémistiches* et *incises peuvent, aussi bien que les rhythmes, commencer et terminer sur chaque temps et chaque partie du temps;* et ces éléments sont aussi qualifiés forts ou faibles, masculins ou féminins.

Dans la musique vocale, les rhythmes, les hémistiches et les incises coïncidant avec les pareils éléments du vers, l'observation en est facile. Quant aux rhythmes, hémistiches et incises qu'on rencontre dans la musique instrumentale, nous allons les aborder et y appliquer tous nos soins, car de leur observation rigoureuse dépend en grande partie la clarté et l'intelligence de l'exécution.

§ 6. Des Rhythmes dans la musique instrumentale.

Jusqu'ici, les vers nous ont aidé à trouver les *rhythmes;* malheureusement ce guide infaillible manque dans la musique instrumentale. Souvent les rhythmes n'y sont pas indiqués et plus souvent encore ils sont indiqués à contre-sens. Il est à peine croyable combien on rencontre, à cet égard, d'énormités, même dans les pages des plus grands maîtres. Avant de donner quelques spécimens de ces incorrections, nous allons indiquer les moyens les plus efficaces pour reconnaître les *rhythmes* dans un morceau de *musique instrumentale:*

1° Il faut examiner si les notes présentent, de 2 en 2, de 3 en 3, de 4 en 4 mesures, des *groupes* ayant des dessins similaires, symétriques. Chaque groupe, dont on distingue la *différence* ou la *ressemblance* avec celui qui précède ou celui qui suit, forme évidemment une *unité,* un *rhythme,* une *incise,* selon son étendue plus ou moins grande.

2° Il faut examiner si, de 2 en 2, de 3 en 3 ou de 4 en 4 mesures, les mêmes notes ou les mêmes valeurs se présentent, et si elles ne sont pas terminées, soit par une *grande valeur,* soit par un *silence.*

3° Enfin, et c'est là l'indice capital, il faut écouter la tendance au repos que la dernière note de chaque groupe fait sentir à l'oreille, si elle lui annonce seulement un repos incomplet qui laisse désirer une suite ou si elle marque un repos définitif.

Supposons que nous ayons à rhythmer les phrases suivantes:

MOZART.

Nous dirions: la première et la deuxième mesure présentent identiquement le même dessin, donc chacune forme une unité, un groupe. La quatrième diffère un peu de la troisième. Par leur contexture ascendante, puis descendante, à degré conjoint, ces deux mesures forment un ensemble qu'on pourrait appeler un cercle ouvert. La cinquième mesure est identiquement la même que la première; la sixième la même que la deuxième; la septième et la huitième conservent les notes des troisième et quatrième mesures, mais avec un léger changement: les notes montent de la tonique à la sous-dominante par degré conjoint, puis descendent à la tonique et forment ainsi un véritable cercle fermé. Nous pouvons donc rhythmer sans hésitation de la manière suivante:

MOZART.

MOZART.

Dans cet exemple, les première, deuxième et troisième mesures offrent le même dessin, chacune composée d'une blanche et d'une noire et n'ayant, par conséquent, pas assez d'éléments pour former un rhythme. La quatrième mesure contient un silence, ce qui évidemment implique fin. Les quatre mesures suivantes offrent chacune un dessin différent; la huitième renferme de même un silence; d'après cela, il est donc permis de rhythmer de cette façon :

MOZART.

MOZART.

Il est certain que le 1er *fa* de la deuxième mesure, venant après une plus grande valeur, apporte à l'oreille un repos, et cela d'autant plus qu'il est *tonique* et que le *sol* qui le précède n'est qu'un *retard* et pourrait être supprimé. Ce *fa* termine donc le premier rhythme et le *fa* suivant commence le deuxième sur la deuxième moitié du deuxième temps, ainsi qu'a commencé le premier. La même observation s'applique au *sol* de la quatrième mesure. Le passage doit donc être rhythmé ainsi[1]:

Nous espérons que ces exemples suffiront pour expliquer les principes posés ci-dessus, pour en montrer l'utilité et pour donner le moyen de les appliquer à une page quelconque.

---

§ 7. Des Incises dans la musique instrumentale.

Maintenant qu'il nous est possible de reconnaître les *rhythmes,* cherchons quelques principes qui nous permettent de trouver les simples *incises.*

Kalkbrenner, dans sa *Méthode de piano,* donne au passage suivant

dix accentuations différentes, dont voici quelques-unes :

Il est évident qu'il aurait pu donner vingt, quarante accentuations. Or, ce que fait Kalkbrenner pour ce passage, on peut le faire pour tous les groupes de sons.

Il n'y a pas de Méthode de violon qui n'applique, même aux exercices les plus élémentaires, différentes accentuations. Les pianistes, au contraire, se contentent d'exécuter d'une manière uniforme, banale, nous dirions volontiers commune, tous leurs exercices[2]. Cependant, c'est de ces différentes manières d'accentuer que résulte le jeu le plus varié, le plus expressif.

---

1. Il est évident que la suppression du 1er *sol* à la deuxième mesure, du *la* à la quatrième, enlèverait à cette phrase toute l'expression, tout le mordant.

2. Voyez *Accent métrique,* « Du Temps ».

Qu'on prenne la première sonate venue pour piano et violon, de Mozart ou de Beethoven, et l'on verra avec quel soin méticuleux ils indiquent les coups d'archet, tandis qu'ils négligent complétement ces *indications* pour le piano. Or, appliquer différentes articulations ou coups d'archet à un groupe de *sons*, c'est simplement faire des *incises* plus ou moins nombreuses, car une incise n'est autre chose qu'*une* note articulée suivie d'un petit silence ou *plusieurs* notes *coulées* suivies d'un repos. La note détachée formant à elle seule incise représente un monosyllabe ou une voyelle. Plusieurs notes formant une incise exigent de même un monosyllabe, une voyelle ou un mot polysyllabique.

Mais de ce qu'*on peut faire des incises*, il ne résulte pas qu'*on doive en faire*. Qu'un enfant terrible — et nous en connaissons plus d'un — vous demande dans la musique de piano, pourquoi coule-t-on, pourquoi lie-t-on ensemble deux, trois, quatre notes, etc. Que répondrez-vous? La réponse est cependant des plus simples: On lie ensemble deux ou plusieurs notes quand elles ne représentent qu'*une* syllabe. Ainsi, deux notes coulées, liées ensemble, figurent un mot monosyllabique, une voyelle ou bien un mot bissyllabique dont la première est forte et la deuxième faible, muette. Exemple:

Dans les mots *âme*, *table*, *femme*, la première syllabe étant forte, la deuxième faible, on doit *appuyer* sur la première note et *couler*, fléchir sur la deuxième; de plus, cette deuxième note ne doit pas avoir toute sa valeur figurée; mais celle d'une croche pointée seulement.

Ces passages doivent donc être rendus comme suit:

Sur le piano, pour obtenir l'effet voulu, il faut attaquer vigoureusement la première note la garder jusqu'à ce que la deuxième soit délicatement frappée, enfin, enlever les deux doigts en même temps, en glissant doucement sur la touche de la dernière. Sur le violon, on les ferait d'un seul coup d'archet et sur les instruments à vent d'un seul coup de langue, ce qui donnerait force à la première note, douceur à la deuxième.

Toutes les notes, quel qu'en soit le nombre, couvertes d'un *coulé* ⁀, exigent au piano une seule articulation du poignet tombant sur la note initiale. Pour toutes les notes qui la suivent, le poignet ne fait aucun mouvement, glisse à droite ou à gauche et les *doigts seuls articulent*. Quand un passage nécessite plusieurs articulations du poignet, c'est qu'il renferme autant d'incises. Toutes ces notes ne demandent qu'un seul coup d'archet sur le violon, qu'une seule émission de vent prolongée, sur la flûte, la clarinette, le cor, etc.[1].

---

1. Ce fait est d'une importance extrême, car souvent, dans la musique de piano, le poignet suffirait pour indiquer si on doit faire des incises ou non. Voici un exemple, pris au hasard, qui renferme 2 fautes d'annotation rhythmique que le poignet révèle immédiatement:

Peut-on jouer ce rhythme tel qu'il est écrit, avec une seule articulation du poignet sur la note

Voici les cas principaux où les grands compositeurs font généralement des incises dans la musique instrumentale. Nous disons généralement, car, si dans la musique vocale, ils sont obligés de se conformer au sens des paroles et à la coupe des vers, ils ont dans la musique instrumentale toute latitude d'appréciation :

1° Après un petit dessin (petits groupes de notes offrant les mêmes durées) plusieurs fois répété. Exemple :

2° Après une grande valeur suivie d'une petite et plusieurs fois répétée. Exemple :

3° Après une petite valeur suivie d'une grande et plusieurs fois répétée. Exemple :

4° Devant la *répétition temporale*, c'est-à-dire quand une même note termine une mesure, un temps ou fraction de temps, et commence la mesure, le temps ou la fraction de temps suivante, surtout si elle est en même temps retard harmonique[1].

Il est évident qu'après le premier *mi*♭ du dernier exemple, il faut quitter la touche, enlever le doigt pour attaquer le deuxième *mi*♭; donc, forcément, il s'intercalera un silence; si petit soit-il, qui amènera force et accent pour la note suivante. Donc l'incise est ici de toute

---

initiale? Évidemment non; car, outre la note initiale qui est accentuée, il renferme 2 répétitions temporales, c'est-à-dire 2 notes *fortes,* demandant chacune un accent, une articulation, le 1er et le 3e *la* ♭ de la dernière mesure. Donc le rhythme est écrit fautivement. Voici son annotation correcte :

1. Voyez *Accent métrique,* « Répétition temporale », page 24.

légitimité. (Voyez les mesures 24, 26, 27 et 28 de l'Adagio de la *Sonate pathétique* et le passage de *Stradella*, pages 24 et 70.)

Le passage suivant

doit être exécuté de cette manière avec 3 articulations :

L'exemple que nous avons cité, page 55, Sonate en *fa*, de Mozart, devrait donc, d'après les principes que nous venons de poser, être exécuté comme suit[1] :

5° Quand la 2e note de la mesure ou du temps est exceptionnellement la même que la première avec valeur supérieure ou égale. Cette règle doit surtout être observée quand le rhythme commence sur le dernier temps de la mesure.

Cet accent est si énergique, que les chanteurs lui sacrifient plutôt le sens grammatical, comme dans la *Lucie*. (Voyez page 81.)

(Voyez aussi la première mesure de la *Marseillaise*.)

D'après ce principe, le passage suivant tiré de la *Pluie de perles*, d'Osborne :

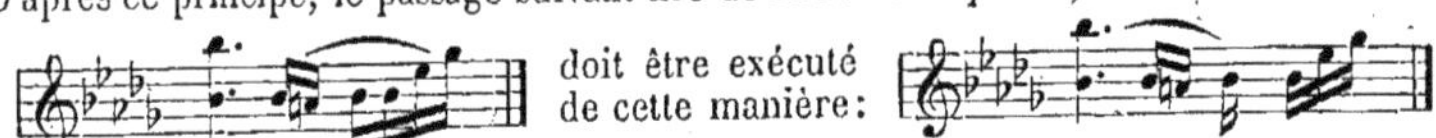

Ici se présente une difficulté véritable. La note répétée pourrait bien être *finale* d'un rhythme féminin ou d'une incise ; dans ce cas, loin de prendre de la force, cette deuxième note serait faible[2]. Exemple :

Dans cet exemple, le deuxième *fa* de la 2e mesure, le deuxième *la* de la 6e sont évidemment *finales* d'un rhythme féminin, par conséquent ces notes ne prennent pas d'accent ; au

---

1. Bien entendu, ces virgules n'indiquent qu'une chute, qu'une flexion, qu'un repos relatif : elles ne demandent ni mouvement du poignet, ni respiration, etc.

2. Voyez page 70.

contraire, elles sont faibles et doivent être liées à la note précédente, qui est une espèce d'anticipation, car elle pourrait être remplacée par la note diatonique supérieure, ou supprimée comme dans la 4e mesure[1].

Dans cet exemple, le deuxième *la* de la 1re mesure, le deuxième *sol* de la 3e, le deuxième *do* de la 5e et le deuxième *si* de la 7e mesure peuvent être considérés comme commençant une incise, et, par conséquent, ils seraient forts quoiqu'ils tombent sur une partie faible du temps; dans ce cas, la note qui précède la note répétée serait faible et perdrait de sa valeur.

Néanmoins la *répétition,* se présentant ici avec persistance, n'est nullement *exceptionnelle* et ne devrait être accentuée que si le morceau était exécuté dans un mouvement *lent.* Dans un mouvement *vif*, cette accentuation rendrait le passage boiteux, désagréable.

Si la première phrase de cet exemple commençait sur la deuxième moitié du premier temps, alors il n'y aurait plus d'hésitation. Exemple :

Dans les mesures à 3 temps, le 2e temps, avec une seule note par temps, est fort quand il est répétition. Il prend presque la forme d'une syncope. Aussi n'hésiterions-nous pas à donner de l'accent au 2e *la* de la 1re mesure, au 2e *sol* de la deuxième, de la phrase suivante, quand même il y aurait une syllabe faible sous ces notes :

MOZART.

De même le 3e temps ou tiers de temps est fort, s'il est répétition avec une seule note pour le temps. Exemple :

MEYERBEER. *L'Africaine.*

6° Quand il y a rupture dans la marche, surtout sur la 2e note de la mesure ou du temps. Ainsi une note arrivant par un grand intervalle ou grand saut après une suite de notes ayant marché par degré conjoint peut être considérée comme *initiale* et recevoir l'accent :

1. Voyez page 70 : *De la Note finale des rhythmes.*

Dans les morceaux d'un mouvement vif, il faudrait se garder de faire des incises, sous prétexte qu'il y a rupture de marche, car cela en rendrait l'exécution boiteuse; dans ce genre de morceaux, c'est l'accent métrique qui doit dominer.

Ainsi le passage suivant de l'*Invitation à la valse :*

serait détestable comme suit :

Il en est de même de l'exemple suivant qui doit être exécuté comme suit :

Dans cet exemple, l'accent rhythmique coïncide toujours avec l'accent métrique, avec la première note de la mesure, excepté sur la tierce *fa ♯ la* de la 4e mesure, qui prend accent quoiqu'elle ne commence pas une mesure. C'est parce qu'elle commence une suite de tierces formant un véritable *guidon*, un conduit mélodique. Ces notes peuvent être supprimées et le 2e rhythme commencer comme le premier[1]. Ainsi dans les morceaux vifs terminer une incise après chaque première note de la mesure, sous prétexte qu'elle arrive par degré conjoint et qu'elle est suivie d'une autre arrivant par degré disjoint, serait absurde. Jouer comme suit est du plus mauvais goût :

En outre, en faisant des incises après rupture de marche, il faut aussi considérer le passage qui précède.

Dans l'exemple suivant :

on ne donnera pas d'accent au *do* de la troisième mesure, quoiqu'il arrive par degré disjoint, parce qu'il se trouve dans le 2e rhythme servant de pendant au premier qui, n'ayant pas d'incise sur la 1re note de la 1re mesure, n'en demande pas non plus dans le 2e rhythme.

1. Voyez page 63.

Quand la rupture n'a lieu qu'à la fin d'un rhythme, il faut de même éviter de faire incise. Exemple :

Il serait ridicule de donner un accent au *si* de la 2e mesure, aux *fa* ♯ de la 3e et de la 6e mesure, sous prétexte qu'ils arrivent par degré disjoint.

7° Après la première note succédant à un *trait* ou *gruppetto :* 1) si elle a une plus grande valeur; 2) si elle est la même que celle qui lui succède; 3) si elle a une égale valeur; 4) si elle est suivie d'une note arrivant par un grand saut; 5) si elle est suivie par un accord ou plusieurs parties.

BEETHOVEN. *Sonate pathétique.*

H. HERZ. *La Belle Créole.* Op. 217.

Nous avons vu, page 51, que la dernière note d'un groupe doit, pour apporter à l'oreille l'impression d'un repos plus ou moins complet, tomber au commencement d'un temps ou d'une fraction de temps. Les traits ont donc toujours une tendance à se résoudre sur la 1re partie du temps ou fraction de temps ou sur une grande valeur. Ainsi une croche après une suite de doubles croches, une double croche après une suite de triples croches, etc., offrent un repos, c'est-à-dire sont susceptibles de terminer une *incise.*

MOZART. *Sonate en la*, 5e *Var.*

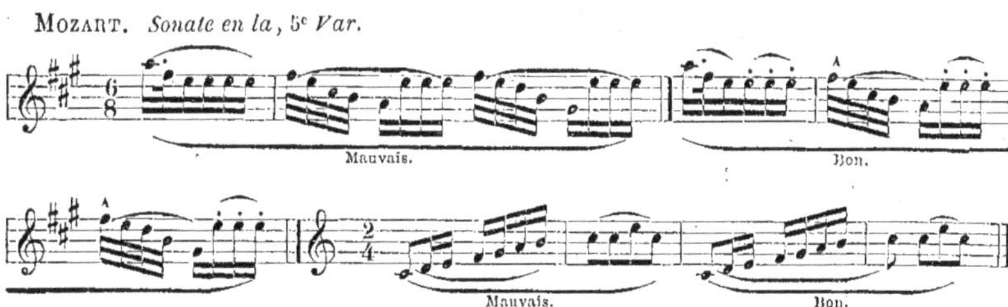

Le besoin de se résoudre, de finir sur une plus grande valeur est si impérieux, surtout si la dernière note du *trait* est une *sensible,* que souvent les simples traits de broderie, d'embellissement se terminent sur les notes du chant et leur ôtent ainsi de leur force. (Voyez la *Traviata,* Fantaisie par Ascher; le *Miserere* du *Trouvère,* par Prudent.)

8° Sur un groupe de notes pouvant être supprimées, ayant une existence, un rôle à part comme imitation, écho ou remplissage :

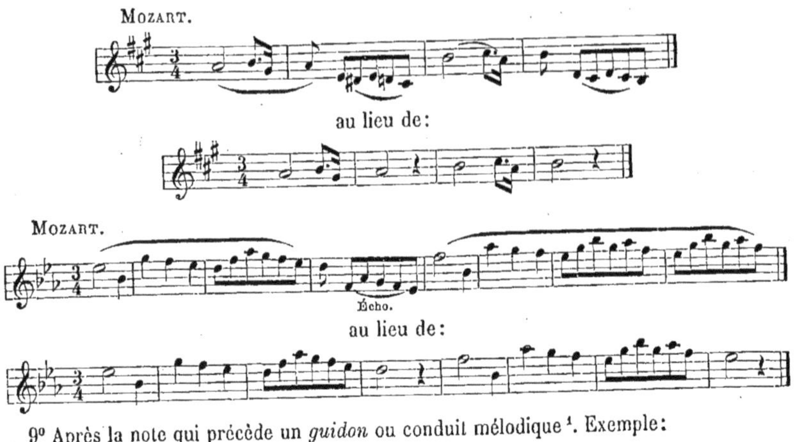

9° Après la note qui précède un *guidon* ou conduit mélodique [1]. Exemple:

Ce qu'il y a de remarquable dans ces exemples, c'est que le *guidon* a besoin de se résoudre et finit après la première note du chant, laquelle, quoique formant ellipse, devient faible et cède toute la force à la suivante.

10° A la fin d'une phrase, d'une période, on détache les notes ayant une égale valeur et qui exceptionnellement marchent par degré conjoint ascendant ou descendant. (Voyez *Accent pathétique.*)

1. On nomme *guidon* des notes ne faisant pas partie intégrante du rhythme et pouvant être supprimées, lesquelles servent à ramener soit le thème primitif, soit un nouveau thème.

BEETHOVEN. *Sonate pathétique.*

(Voyez aussi la dernière mesure de l'Adagio de la *Sonate pathétique.*)

11° Quelquefois la contexture du 1er rhythme, ayant eu des incises, en entraîne par *similitude,* dans le 2e rhythme, à des endroits où, sans cette similitude, on se dispenserait d'en faire :

Le 2e *mi* de la 2e mesure du 1er rhythme, étant répétition exceptionnelle, implique commencement d'incise. Le *sol* de la 2e mesure du 2e rhythme forme de même avec le *ré* suivant une incise qui, sans celle du 1er rhythme, n'aurait pas eu lieu; car ôtez le 1er rhythme, et le 2e serait incisé comme suit :

CHOPIN.

L'accent qu'on donne au *la* de la 1re mesure en entraîne un pareil sur le *si* de la 3e mesure, quoique ce rhythme commence sur le temps fort. Il en est de même de l'exemple suivant :

Adagio de la *Sonate pathétique.*

Le dernier *si* ♭ du 1er rhythme (6e note) commence une incise et prend de l'accent, quoique 2e note du triolet, parce que c'est une répétition, la 2e note du temps étant exceptionnellement la même, avec même valeur que la 1re. Le *fa* ♭ du 2e rhythme commence une incise, et, par conséquent, prend de l'accent : 1) pour rendre l'accentuation du 2e rhythme égale à celle du premier; 2) parce que c'est la note la plus haute du trait, venant après une résolution chromatique (après *mi* ♭ *ré* ♮ *mi* ♭); 3) parce qu'il est *modale* mineure.

12° On fait incise dans un *trait* quand les notes chromatiques sont suivies, chacune de sa diatonique supérieure (*fa* ♯ *sol, la* ♯ *si, do* ♯ *ré,* etc.). (Voyez les *Polonaises* de Weber.)

13° On fait une incise après la résolution d'un accord dissonant.

Voyez l'Introduction de l'*Invitation à la valse*, de Weber.

Quoique la résolution ait lieu sur le temps fort, la note finale n'en est pas moins très-faible; donc, même la fin d'une incise détruit l'accent de la mesure, elle rend faibles les notes qui, au point de vue métrique, seraient fortes.

14° On fait incise quand, après plusieurs parties, c'est-à-dire après une suite de tierces, de sixtes ou d'octaves, vient une seule partie; ou quand, après une seule partie, il s'en présente plusieurs.

Tels sont les cas les plus fréquents où les grands compositeurs ont l'habitude de faire des incises. Nous l'avons déjà dit: il n'y a rien d'absolu à cet égard. Dans les compositions à mouvement vif, il faut s'abstenir de faire des incises. Dans ces sortes de morceaux, il faut surtout accentuer la 1re note de chaque mesure, de chaque temps, de chaque rhythme. Mieux vaut ne pas faire d'incises que de les faire mal à propos, de hacher le morceau et de le rendre boiteux. Le sentiment, ici comme partout, doit être le principal guide. Une pratique raisonnée, intelligente, aiguisera tellement le goût du musicien, que, par intuition, il fera des incises qu'aucune règle ne saurait prévoir ni prescrire. D'ailleurs, on a dû remarquer que la dernière note de chaque incise, de chaque petit groupe, apporte à l'oreille un petit *repos* : donc toute note qui apporte à l'oreille un *repos* peut être considérée pour le moins comme finale d'incise.

Nons allons indiquer quelques passages dans lesquels, selon nous, on n'a pas fait d'*incises* quand la *contexture le permettait*, ou dans lesquels on en a fait mal à propos.

Dans la 2e partie de l'Allegro de la *Sonate pathétique* on trouve fréquemment le chant rhythmé, incisé comme suit :

Cette articulation nous paraît correcte; car elle détache une suite de groupes pareils formés d'une note haute qui se résout par demi-ton descendant. Les deux dernières notes font exception; aussi la deuxième nous paraît-elle meilleure.

Le pendant de ce rhythme est, en général, aussi correctement écrit; mais le suivant est presque toujours fautif.

Traiter, inciser ce passage comme les deux précédents ne nous paraît pas rationnel. En effet, ce rhythme, de même que le premier, renferme visiblement deux groupes de notes dont le deuxième est identique au premier, simplement une octave plus haut. Mais ces quatre notes ne peuvent être scindées en fragments similaires; la première note seule descend par degré conjoint, la troisième monte par degré disjoint, puis la même marche se reproduit; de plus le rhythme est terminé autrement que le premier.

M. Ascher, dans sa Fantaisie sur la *Traviata*, donne le passage suivant:

L'auteur sentait bien que le *fa* aigu des 2e et 3e mesures devait être fort, accentué: de là les *crescendo.* Mais il n'avait pas remarqué qu'ils étaient forts *rhythmiquement,* parce qu'ils commencent une *incise.* Ces *crescendo* indiquent bien à l'exécutant qu'il doit frapper fort, mais ils ne disent pas pourquoi. Si l'auteur avait écrit comme suit :

l'exécutant aurait eu pleine conscience de ce qu'il fait; car il est certain que le *fa* grave apporte à l'oreille le sentiment d'un petit repos, et il en est de même du *ré* de la 3e et du *do* de la 4e mesure.

Ce dernier exemple démontre au lecteur la nécessité de ne pas se fier aveuglément à l'écriture et à l'accentuation des auteurs; car ceux-ci, en l'absence de notions et de principes positifs, ont recours à des procédés incroyables pour peindre plus ou moins exactement ce qu'ils sentent.

Nous allons terminer ce paragraphe en mettant sous les yeux du lecteur quelques passages mal rhythmés et mal incisés, empruntés aux compositeurs des plus estimés. Nous choisissons entre mille! Cela les convaincra de la nécessité d'avoir des connaissances positives sur les rhythmes, et leur prouvera que nous ne nous débattons pas contre des fantômes. Espérons que cette exhibition les engagera à prêter une attention toute spéciale à l'annotation rhythmique. Ils seront alors étonnés des négligences, des fautes, des énormités qu'ils rencontreront à chaque page, et, à coup sûr, ils acquerront la certitude que ce qu'il importe le plus de connaître, c'est-à-dire la ponctuation, la phrase, la pensée musicale, est précisément ce que les compositeurs négligent le plus!

Dans la *Clochette du pâtre,* par M. Lefébure-Wely, nous trouvons l'accentuation rhythmique suivante :

Or, nous oserions demander si c'est l'intelligence ou le hasard qui a rhythmé cette phrase. Qu'on la joue ou qu'on la chante et nous défions qu'on sorte de l'accentuation suivante qui est rationnelle autant que conforme au sentiment :

Peu de morceaux sont aussi faciles à rhythmer que l'*Invitation à la valse.* Eh bien, nous n'avons pas encore rencontré une seule édition qui n'ait offert des annotations rhythmiques défectueuses.

Voici un air extrait tel quel de la *Méthode d'harmonium* la plus estimée, la plus répandue :

Chanson française. 1738.

Bien entendu, notre reproduction est exacte. Voici maintenant comment la phrase devrait être rhythmée :

Fantaisie de Leybach, op. 79, sur la *Flûte enchantée*, on voit que l'auteur groupe par mesure, sans tenir compte de la tendance des notes; aussi quel déplacement d'accent! Quelle torture de la pensée musicale!

Voici deux différentes manières de rhythmer que donnent nos règles :

ou

Et dire qu'on accentue ainsi, même quand on est guidé par des paroles!

Passages extraits d'une *Méthode de violon* très-répandue; nous indiquons les fautes principales par une croix (†):

Que penser de tout cela? Eh bien, ce n'est rien comparé aux énormités qu'on rencontre dans la musique vocale. Que le lecteur prenne quelques romances, qu'il les examine au point de vue rhythmique et il sera frappé du soin que les compositeurs mettent généralement à marquer les accents pathétiques, les nuances, les mouvements. Et quelle négligence pour l'unité de la pensée musicale, pour l'accentuation des rhythmes et des incises! Presque toujours la phrase musicale est disloquée et les *liaisons rhythmiques* à cheval sur deux rhythmes différents, embrassant ainsi la queue de l'un, la tête de l'autre; on les dirait semées au hasard. Nulle unité conforme à la tendance, à l'affinité des notes, nulle concordance avec les vers! Cependant la clarté d'une phrase résulte avant tout de son accentuation rhythmique; sans elle l'oreille ne perçoit que confusion, comme l'œil dans une page dépourvue de ponctuation. Dira-t-on que ces liaisons n'ont aucune importance? Alors pourquoi les fait-on? Dira-t-on que l'exécutant *sent* et *rend* conformément aux lois du rhythme? Mais dans ce cas, encore une fois, à quoi servent ces signes? A induire en erreur les exécutants dépourvus de sentiment, à corrompre, à fausser le sentiment de ceux qui en sont le mieux doués. Si ce sont des fautes de gravure, pourquoi ne pas les corriger? Si on place ces liaisons uniquement pour indiquer un jeu lié, le mot *legato* mis en tête de la phrase suffirait. Si, enfin, c'est pour indiquer les respirations et les articulations, les auteurs se sont grandement trompés. Rien de plus fréquent que les plaintes des compositeurs sur la mauvaise exécution de leurs œuvres. Comment pourrait-il en être autrement ? Ils écrivent autrement qu'ils ne pensent, sentent et exécutent ! Comment l'exécutant, s'il ne possède le sentiment du rhythme, accentuera-t-il la première note de chaque rhythme, de chaque incise, si l'auteur s'évertue à la lui cacher ? Il accentuera selon les *indications*, c'est-à-dire au hasard ; il détruira les rhythmes, détraquera les phrases ; il ôtera à une œuvre, peut-être charmante, toute vie, toute poésie, en la rendant inintelligible.

Et encore si ces non-sens rendaient l'exécution plus facile ! Mais non. L'expérience nous a démontré que ces non-sens rendent l'exécution presque impossible, surtout aux élèves bien organisés. Confiants dans l'indication, ils jouent conformément à l'écriture. Mais leur sentiment blessé se refuse à accepter une suite de sons vides de sens, une phrase sans pensée. Ils se font violence, ils sont tiraillés jusqu'au moment où, sacrifiant les signes, ils accentuent conformément à leur sentiment, c'est-à-dire conformément à la tendance, à l'affinité des notes.

Qu'on fasse, par exemple, jouer la *Valse du Juif errant*, de Burgmüller, par des élèves d'égale force et l'on verra que les élèves bien organisés, ceux qui ont le sentiment du rhythme, éprouvent de la difficulté à jouer le passage suivant, tandis que les élèves dépourvus de sentiment l'enlèvent sans sourciller. Rétablissez les rhythmes spontanés, naturels, et accentuez les passages, conformément aux lois du rhythme, et les difficultés disparaissent comme par enchantement.

Un passage analogue se trouve à la dernière ligne, avant-dernière page, et à la première ligne, dernière page de *Havaneras* de Ravina. Aussi, quel tiraillement jusqu'à ce que le maître ou l'élève ait rétabli le rhythme !

Posons donc hardiment cette règle : les notes seules qui ensemble forment une idée, une pensée musicale, une incise, un rhythme, doivent être couvertes d'un *coulé*, d'une ligne courbe ⁀ ou liaison rhythmique. Que jamais les liaisons rhythmiques ne soient à cheval sur des notes appartenant à deux rhythmes différents ; que jamais la liaison rhythmique n'embrasse et ne couvre les dernières notes d'un rhythme et les premières du suivant. Que les signes de ponctuation, les points, virgules, doubles points, etc., que quelques auteurs emploient pour indiquer les rhythmes et la respiration, soient placés conformément aux lois que nous venons d'exposer, c'est-à-dire conformément à l'attraction, à l'affinité qui groupent les sons et leur donnent un sens, et non au gré du caprice.

Nous nous sommes étendu longuement sur ce paragraphe : c'est qu'à nos yeux il est aussi indispensable de bien connaître les incises que les rhythmes pour obtenir une exécution nette, intelligente et lumineuse. Malgré l'importance du rôle que jouent les incises, aucun auteur, à notre connaissance, ne leur a consacré un instant d'attention !

---

§ 8. De la Note finale des rhythmes dans la musique instrumentale.

Une des plus grandes difficultés dans l'accentuation rhythmique de la musique instrumentale est de savoir si une note est *finale* féminine du rhythme précédent ou note *initiale* du rhythme suivant. Dans le premier cas, elle est faible et doit être suivie d'une flexion; dans le deuxième cas, elle est forte.

Voici les principaux faits qu'il faut considérer avant de prendre une décision à cet égard :

1° La tendance au repos qu'apporte une note à l'oreille; si elle est ou n'est pas indispensable pour finir.

2° L'*analogie* entre les rhythmes, la symétrie de leurs dessins. Il est probable que le 2e rhythme commence sur le même quantième du temps que le 1er. Si, par exemple, le 1er rhythme commence sur la deuxième moitié du 2e temps, il est probable que le 2e fera de même. Cependant cet indice n'a rien d'absolu et offre de fréquentes exceptions.

3° L'*harmonie*, l'accompagnement. Généralement la *dernière* note d'un rhythme fait partie intégrante de l'accord qui l'accompagne.

4° La *grande valeur* ou le *silence* qui se trouvent à distances régulières (à la fin des rhythmes). Il est évident que la note suivie d'un silence doit être considérée comme finale, surtout si le silence est exceptionnel ou s'il tombe sur la partie de la mesure où les rhythmes et les incises ont l'habitude de se terminer dans la phrase. Il ne faut pas se fier aveuglément à cet indice. Nous avons vu (p. 46) que certains rhythmes intervertis présentent un silence devant leur dernière note. D'autre part, les compositeurs mettent souvent de la négligence dans l'écriture de la dernière note d'un rhythme qu'ils représentent avec sa pleine valeur métrique, au lieu de la faire suivre d'un silence. Par exemple, les rhythmes suivants sont mal écrits :

Le *fa* ♯ de la 2e mesure et le *sol* de la 4e ne devraient être représentés que par une noire ou par une noire pointée suivie d'un silence au lieu d'une blanche, comme suit (Voyez page 57) :

Ce simple fait : apparition d'une grande valeur ou d'un silence à distances régulières, aiderait, en l'absence de tout sentiment, de toute connaissance du rhythme, à phraser convenablement. Bien entendu, si la contexture de la phrase est *staccato*, ces silences impliquent incises partout.

Ces quatre règles sur les notes finales et celle que nous avons donnée (p. 54), appliquées avec intelligence et discernement, suffiront à distinguer la note finale des rhythmes et apprendront à accentuer, à phraser conformément à l'affinité des notes.

Ici encore il faut laisser agir le bon sens, la logique; moins s'occuper d'une note prise isolément que de l'ensemble dont elle fait partie, de ce qui précède et de ce qui suit, de l'harmonie, de l'accompagnement et surtout du repos qu'elle apporte à l'oreille.

Il nous suffit d'avoir attiré l'attention des musiciens sur ces faits de première importance, totalement négligés jusqu'à ce jour; la pratique et l'observation les initieront à tous les secrets et leur feront vaincre toutes les difficultés. Montrons par quelques applications comment ces règles doivent être employées.

Supposons que l'exécutant tombe sur la première valse de Beethoven, ne portant aucune indication, aucune accentuation rhythmique, telle qu'on la rencontre fréquemment[1]:

Il s'agit de savoir à quel rhythme appartient le 2e *fa* de la 2e mesure, le 2e *sol* de la 4e.

Or, quel principe peut guider l'exécutant novice dans cette recherche? Le voici : le 1er rhythme incontestablement ne commence pas sur le *temps fort,* mais bien sur la deuxième moitié du 2e temps, donc il est probable que, par analogie, il en sera de même pour les rhythmes suivants. De plus, le *sol* de la 2e mesure, le *la* de la 4e sont des notes étrangères à l'harmonie et retardent, l'un le *fa,* l'autre le *sol.*

Il faudra donc accentuer comme suit :

La raison qui milite en faveur de l'accentuation suivante et légitime la force du 2e *fa* de la 2e mesure, du 2e *sol* de la 4e, c'est qu'ils forment des *répétitions temporales.* (Voyez p. 58.)

1. Cet air, attribué à Beethoven, fait partie d'une suite de valses de F. Schubert. Il a été publié chez M. S. Richault, sous le titre de : *Amour et Mystère,* avec les paroles suivantes :

Voici encore un exemple dans lequel le principe de *similitude* et d'*analogie* ne suffit pas pour trouver et distinguer la note finale. Il faut donc avoir recours au deuxième principe, à l'harmonie, et lui demander la solution de la difficulté.

Le *fa* de la 4e mesure, le *sol* de la 8e appartiennent-ils au rhythme précédent ou au suivant? Sont-ils forts ou faibles? D'abord remarquons combien le *sol* de la 4e mesure est peu terminatif: il demande le *fa* qui le suit; or, ce *fa* fait partie de l'accord de septième de dominante qui accompagne le *sol*, car cet accord renferme les deux notes *sol* et *fa* comme notes constituantes. Si donc on donnait au *sol* pour accompagnement l'accord parfait (*do*, *mi*, *sol*) dont il fait aussi partie, il faudrait le changer pour le *fa* qui ne se trouve pas dans cet accord. Mais comme, dans les trois mesures qui précèdent, on conservait le même accord durant toute la mesure, il est présumable qu'on fait de même pour celle-ci. De plus, l'accompagnement de ce morceau est régulièrement *alterné*, il fait une sorte de balancement: trois mesures successives accompagnées par l'accord parfait, la quatrième par l'accord de septième; puis trois mesures de septième suivies par l'accord parfait. Donc le *fa* doit être considéré comme terminatif d'un rhythme féminin: il doit être faible, suivi d'un petit silence et enchaîné au *sol* qui le précède. Ce *sol* pénultième (avant-dernière note d'un rhythme féminin) devient fort. Le *sol* de la 4e mesure, aussi bien que le *fa* de la huitième, peuvent être supprimés: ce sont des *retards rhythmiques*, c'est-à-dire des obstacles qui retardent la note que l'oreille désire, et qui, comme tels, absorbent toute la force. Exemple:

Donc, dans cet exemple, le 2e rhythme a sa note initiale sur le temps *fort*, quoique le premier ait commencé sur le temps faible.

Si on appliquait ces observations aux *incises* que pourrait présenter cet exemple, la réponse serait facile. Il serait mauvais, selon nous, de terminer une *incise* après le *do* de la 2e mesure, après le *ré* de la 6e, sous prétexte que l'incise suivante commencerait sur le 3e temps comme la 1re. Ce fractionnement briserait l'unité du groupe résultant de l'harmonie qui accompagne les trois premières mesures du rhythme, ôterait l'énergie, si nécessaire à une *danse*, que la phrase reçoit de l'accent métrique, et détruirait tout son caractère.

Écrite comme suit, la phrase serait détestable:

Supposons que l'exécutant ait à jouer l'air qui suit:

BOÏELDIEU. *Rondo* du *Petit Chaperon rouge.*

En l'absence de paroles il serait difficile, sinon impossible, de savoir si les notes marquées d'une croix appartiennent au rhythme précédent ou au suivant. Il est probable qu'à première impression ou conduit par le raisonnement, l'exécutant l'estimerait de la sorte : « Le 1er rhythme de deux mesures est masculin, le 2e est la répétition du 1er (un écho) ayant un *do* de plus. Mais comme dans la mesure suivante la première note (le *mi*) est répétée, je lui donne l'accent ; je lie donc le 1er *mi* au *do* qui précède, ce qui rendra aussi le 2e *rhythme* masculin. Le *do* devient note initiale du 3e *rhythme*, c'est-à-dire accentuée, et fait avec le 1er *mi incise :*

Même embarras pour le 2e *sol* de la 8e mesure. En le considérant comme note *initiale* du rhythme suivant, cela donne à ce dernier un élan, une énergie plus grande ; cette manière d'accentuer est, en outre, légitimée par les *ré* de la 17e et de la 21e mesure. Bien entendu, si le *do* de la 4e, le *sol* de la 8e mesure sont notes *initiales*, elles sont *fortes* et la note qui les précède perd un peu de sa force et de sa valeur, un petit silence leur succédant. Si, au contraire, ce *sol* et ce *do* sont notes finales, elles doivent être faibles, suivies d'un petit silence, et la note qui les précède, *très-forte*. Telle serait la manière de voir raisonnable et raisonnée de l'artiste.

Or, qu'on applique maintenant les paroles de cet air à la musique et l'on verra que si l'exécutant ne s'est pas trompé, s'il n'a pas mal fait, du moins son accentuation n'est pas en parfaite harmonie avec celle que les paroles exigent.

Prenons encore une phrase de musique instrumentale.

J. Leybach donne pour l'Andantino de la *Sonatine* de Diabelli, op. 50, l'accentuation suivante :

Il nous semble que dans une phrase aussi expressive il aurait mieux valu considérer le *la* de la 2e mesure, qui sert de pivot à une marche ascendante, comme note initiale. L'accentuation suivante nous paraît meilleure :

Les exemples que nous venons de donner nous semblent suffisants pour faire sentir combien il importe de savoir si une note est *finale* ou *initiale.*

Il est des cas où toute l'économie d'un air, tout son caractère est changé par une seule note, selon qu'on la considère comme *initiale* ou *finale.*

Ainsi dans l'exemple suivant :

Félix Godefroid.

Rien n'indique si le *mi* de la 4e mesure est note initiale ou finale; s'il est final, il est très-faible et doit être suivi d'un petit silence; s'il est initial, il est fort et donne un élan, un entrain très-grand au *rhythme* suivant qui, par sa contexture ascendante, par son dessin plus varié, à marche par degré conjoint, doit faire contraste avec le 1er *rhythme*. Ainsi ce *mi* a la faculté de donner énergie, élan et un mouvement plus vif à toute la phrase. Cependant il ne tire pas sa force de sa position *métrique, harmonique,* etc., mais uniquement de sa position *rhythmique;* supprimez-le et la phrase devient beaucoup plus calme, elle se fait presque traînante. Mais enfin, à quel rhythme appartient-il? Comme il est accompagné par le même accord que la note qui le précède, on pourrait croire qu'il appartient au rhythme précédent. Mais n'oublions pas que la première note d'un rhythme secondaire, si elle tombe sur un temps faible, le *levé,* peut prendre l'accompagnement de la note précédente, quand même il en résulterait une dissonance, l'oreille s'accommodant plus aisément d'une dissonance que d'un continuel balancement des notes de la *basse.* N'oublions pas, surtout, qu'il faut, en musique, des contrastes, des oppositions: après un rhythme doux, calme, le sentiment accepte avec empressement un *rhythme énergique mouvementé.* Or, ce *mi* pris comme note *initiale,* donnant cette qualité au 2e rhythme, nous ne devons pas hésiter à le considérer comme telle.

Si une note, selon qu'on la considère comme *initiale* ou *finale* d'un rhythme, a une importance telle qu'elle peut changer le caractère d'un air, quel changement ne doit pas produire l'*annexion* ou la *suppression* d'une note! Reprenons l'exemple de Mozart, page 55:

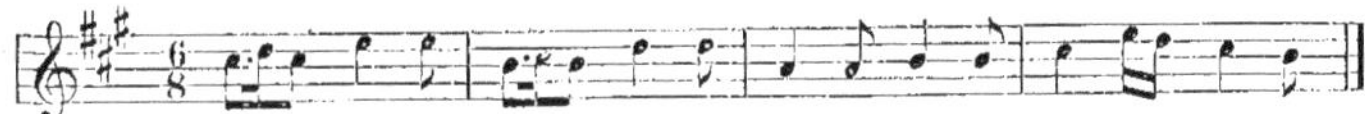

Cet air commence sur le temps fort. Les deux premières mesures forment chacune une unité non-seulement métrique, mais encore rhythmique et harmonique. La 1re note en est donc très-forte: elle reçoit un double accent métrique et rhythmique. Cet accent est encore augmenté par la *prolongation* de la 1re note, par la contexture ascendante, suspensive du dessin de ces deux premiers rhythmes, lequel dessin fait tomber toute la force sur la note initiale suivante qui sert pour ainsi dire au rhythme de point d'appui, de pivot, car la contexture primitive simple de cet air est la suivante: *do ♯ mi, si ré, la si, do ♯ si.* La dernière note des deux premières mesures est très-faible à triple titre: elle termine une mesure, elle est précédée d'une plus grande valeur, et elle est *finale* d'un rhythme féminin. Cette faiblesse ne fera que mieux ressortir l'accent, la force de la note suivante. L'accent rhythmique coïncidant avec l'accent métrique ne donne aucune note forte à contre-temps. L'air ne renferme ni grands intervalles, ni note chromatique, ni valeur exceptionnelle. Chacun des deux premiers rhythmes est accompagné par un seul accord.

Tous ces faits impriment à cet air un caractère de très-grande simplicité, de calme, de naturel.

M. Wekerlin a approprié cet air à des paroles de M. Paul Féval et publié sous le titre de: *Vous souvient-il?* comme suit:

Que nous présente cet arrangement? L'air ne commence plus sur le temps fort, mais bien sur le *levé,* par une note étrangère au thème primitif. La coïncidence entre l'accent métrique et rhythmique disparaît. Cette note initiale aiguë (voy. p. 48 et 84) s'approprie immédiatement toute la force au détriment de la note suivante, sur laquelle elle *coule,* et l'accent métrique disparaît, la 1re note de la mesure perd sa force. La note la plus faible, la dernière de la mesure et du temps, devient la plus forte. Le premier rhythme commençant sur le temps faible, le deuxième, par symétrie, en fait de même, ce qui donne des rhythmes à contre-temps, c'est-à-dire des rhythmes dans lesquels l'accent de la note *initiale* ne coïncide pas avec les sons forts résultant de la mesure. De plus, les rhythmes sont à cheval sur deux mesures et l'harmonie est détraquée : chaque rhythme, au lieu d'un seul accord, en reçoit deux, ce qui entraîne une espèce de balancement au lieu de la stabilité primitive. Aussi, calme, simplicité, naturel y disparaissent! Sans doute, l'air de M. Wekerlin est infiniment plus expressif; ce n'est plus l'air de Mozart! Que l'exécution de cette pastorale soit confiée à un musicien sans goût, et pour peu qu'il force l'accent de la note initiale de chaque rhythme, de chaque incise, et l'air devient emphatique, douloureux. Que l'exécutant en exagère l'accentuation rhythmique au détriment de l'accent métrique, en faisant couler la note initiale sur la suivante, qu'il enlève à celle-ci, tant soit peu de valeur, qu'il accélère sur les notes de la 4e mesure conformément à leur contexture ascendante, et cet air si charmant, si naïf, devient une *parodie.* La pastorale tourne en charge. On croirait entendre non plus le chant d'un berger, mais bien les gémissements d'une précieuse en attaque de nerfs, suffoquée, soupirant après le flacon d'éther[1]!!

Voilà les perturbations qu'a jetées dans l'économie d'un air l'intrusion d'une seule note! Bien entendu, loin de nous la pensée de vouloir critiquer l'arrangement de M. Wekerlin; mais l'exemple valait la peine d'être cité.

Les ravages qui peuvent résulter de la suppression d'une seule note ne sont pas moins grands. Exemple : *Polo,* sérénade, par M. Garcia, dans les *Échos d'Espagne*[2].

Ce rhythme charmant, original, commençant sur le 2e temps précédé d'un silence, ce qui produit l'effet d'une espèce de syncope, le traducteur le commence sur le 3e temps :

La note initiale sur le 3e temps ne joue plus ici que le rôle d'une note d'élan et ne compte pas numériquement; car, au point de vue rhythmique, elle pourrait être supprimée. Qui ne voit du premier coup d'œil, que le traducteur enlève à cet air, avec une seule note, toute sa beauté originale! Qu'on remplace par une note le silence qui se trouve au commencement de la 1re mesure du 1er temps et l'on détruira de même toute la beauté, toute l'originalité de cet air.

---

1. Cet exemple montre qu'en musique, comme en littérature et en dessin, le grotesque résulte de l'exagération : exagération de la durée des notes, de leur accent, de leur flexion, etc

2. Paris, chez Flaxland.

Quelquefois les compositeurs privent la phrase de la note finale. Voyez *Rondo* de la *Sonate pathétique*, mesure 40e, et l'exemple suivant :

Quoique la *basse* prenne immédiatement, l'auditeur n'est pas moins étonné, interdit. D'autres fois, le chant est bien terminé, mais l'accompagnement continuant et ne se résolvant pas sur un temps fort ou sur une plus grande valeur, laisse le rhythme en suspens et comme inachevé. Exemple :

Il est certain que si on ne ralentit pas les notes de la basse à la 4e mesure, elles produiront le même effet que si elles se résolvaient sur le *sol* ♭ de la 5e mesure. Donc il est urgent de ralentir les notes de la basse si on veut donner au *la* ♭ de la 4e mesure un sens terminatif. De cette manière, l'oreille perd, pour ainsi dire, de son exigence; car, plus on donne de valeur aux silences, plus on ralentit, moins les notes sont désirées et moins l'oreille est choquée de n'avoir pas pour finale une note qui tombe au commencement d'un temps[1].

Enfin, il se peut que dans les morceaux à plusieurs parties, la première termine tandis que la deuxième continue.

---

§ 9. De la Prosodie musicale.

Application des paroles à la musique et de la musique aux paroles.

Nous avons vu que la longueur des rhythmes correspond à la longueur des vers; qu'il y a des rhythmes masculins et des rhythmes féminins, comme il y a des vers masculins et des vers féminins; que les différentes *cadences* correspondent exactement aux différents signes de la ponctuation grammaticale. Cette analogie entre un vers et un rhythme ne s'arrête

---

1. Voyez *Mouvement passionnel;* ralentissement à la fin de la phrase

pas là. De même qu'on trouve dans un mot des syllabes longues et des syllabes brèves, de même il y a dans la mesure des sons forts et des sons faibles. De même qu'un vers se compose d'un nombre de pieds, de syllabes longues ou brèves régulièrement coordonnées, de même un rhythme contient des sons forts ou faibles régulièrement alternés. Le dessin d'un rhythme correspond exactement au dessin des quantités que présente un vers. L'analogie entre la charpente, l'ossature d'un vers et celle d'un rhythme est donc complète. Donc une suite de vers est susceptible de se revêtir d'une suite de rhythmes formant une phrase musicale et *vice versâ*.

Trois conditions doivent être observées dans cette union :

1° Il faut qu'il y ait coïncidence entre les *syllabes longues* et les *sons forts*, entre les *syllabes brèves* et les *sons faibles*, c'est-à-dire que les syllabes longues doivent tomber sur les sons forts (temps forts, parties fortes des temps), les syllabes brèves sur les sons faibles (temps faibles, parties faibles des temps). Il est à remarquer que chaque monosyllabe exigeant une articulation, est fort. L'article seul fait exception[1].

2° Si cette coïncidence n'a pas lieu, il faut que les règles, les conditions qui permettent à un vers féminin de finir sur un rhythme masculin, à un vers masculin de finir sur un rhythme féminin, soient observées. Il faut que la syllabe brève tombant sur un son fort soit précédée d'une syllabe prolongée (ayant une grande valeur ou plusieurs sons), et que la syllabe longue qui tombe sur un son faible soit prolongée par plusieurs notes. (Voyez p. 45.)

3° Il faut, enfin, qu'il y ait, autant que possible, concordance entre le sens grammatical et le sens musical, entre la ponctuation grammaticale et la cadence musicale. Quand le sens grammatical est simplement suspensif, il faut que la cadence soit incomplète ; quand le sens grammatical est complet, il faut que la cadence soit aussi complète. Rien d'absurde comme de voir chevaucher un sens grammatical sur deux rhythmes différents ou de voir un rhythme coupé entre deux phrases grammaticales.

Complétons ces règles par une observation des plus importantes.

Outre les sons forts ou faibles que donne la mesure, des sons forts ou faibles résultent encore de la division des temps. Le temps faible non divisé devient fort si le temps fort est divisé. A deux temps, si le premier est divisé en deux (deux croches), trois (triolet) ou quatre (quatre doubles croches) notes d'égale valeur, la note qui à elle seule vaut le 2e temps est forte. Exemple :

C'est que dans un mouvement lent, la mesure à deux temps équivaut à une mesure à quatre temps dans un mouvement vif ou modéré. La coupe suivante : (deux croches, une noire), dans un mouvement lent, est, en réalité, une mesure à quatre temps condensée[2]. La noire (noire) y représente le 3e et le 4e temps = (deux noires = une blanche) ; or, comme dans la mesure à quatre temps, le 3e est fort, la

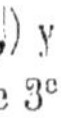

---

1. Nous devons à l'obligeance de M. Victor Wilder la règle suivante : sont fortes : la dernière syllabe des mots ne se terminant pas par un *e* muet et l'avant-dernière des mots se terminant par un *e* muet.

2. Voyez, p. 112 de nos *Exercices de piano* une remarque sur l'identité du *temps*, dans un mouvement *lent* et de la *mesure* dans un mouvement vif.

noire, dans ces cas-ci, représentant le 3e temps, est forte. Aussi exige-t-elle une syllabe masculine. Pour des raisons analogues, dans les mesures à trois temps, le 2e est fort si le 1er est divisé et le 3e est fort si le 2e est divisé. Exemple :

Pour que la dernière note de toutes ces *coupes* puisse recevoir une syllabe féminine, il faut que l'*avant-dernière* syllabe soit prolongée. Exemples :

Enfin, dans les mesures à trois temps, le 3e, non divisé, est fort s'il est *répétition* et doit recevoir l'accent. Exemple (p. 60) :

Nous allons soumettre à l'épreuve de ces règles quelques phrases musicales et voir si les lois de la prosodie y ont été observées.

Commençons par : *Une fièvre brûlante :*

Nous sommes étonné que Grétry, d'un goût si épuré, ait écrit une pareille phrase. Il est vrai que chacun des deux premiers mots *Une* et *fièvre* forme une incise, la syllabe *u* commence la première et *ne* la termine. La syllabe *fiè* commence la deuxième et *vre* la termine. Les syllabes *ne* et *vre* peuvent donc tomber, sans inconvénient, au commencement d'une mesure, c'est-à-dire sur le temps le plus fort, ces notes devenant faibles parce qu'elles terminent une incise composée de deux notes seulement. Elles doivent être accompagnées par la chute, l'affaiblissement de la voix ou d'un petit *silence* qui enlèvera à la *blanche* une partie de sa valeur, ce qui donnera en réalité et graphiquement le résultat suivant :

Nous avons fait tout notre possible pour légitimer la phrase de Grétry, néanmoins nous n'en sommes pas satisfait. En effet, la 1re *incise* est singulièrement compliquée ; car ici la note finale de l'incise est une *répétition temporale*, c'est-à-dire une note forte. (Voyez p. 58.) Bon gré mal gré, ce 2e *do* ♯ sera fort et rendra la syllabe féminine choquante. Il n'y a que trois moyens de rendre à cette phrase toute sa pureté : éviter la *répétition temporale*

en remplaçant la première note; éviter la syllabe faible en la remplaçant par une forte, ou, enfin, la remplacer par un monosyllabe:

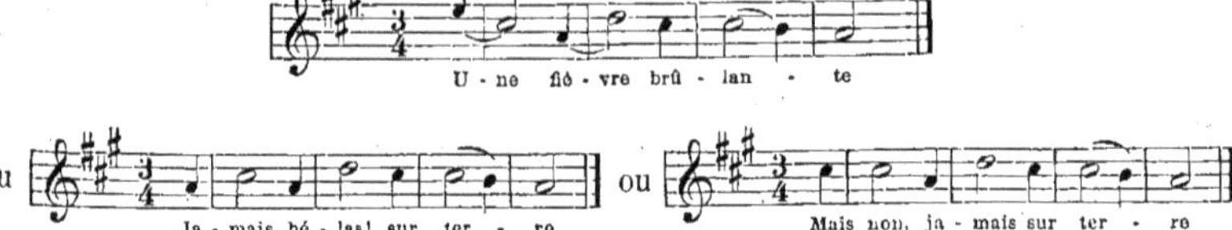

Comment se peut-il que pendant si longtemps l'oreille ait accepté ce fait sans en être choquée? C'est que l'oreille est d'une complaisance extrême et finit par s'habituer aux dissonances et aux contre-sens les plus durs.

Dans le premier couplet de : *les Plaintes d'une jeune fille*, de Schubert[1], on trouve le passage suivant qui n'offre pas de parallélisme entre le sens grammatical et le sens musical :

Il est certain que le repos musical est après le *si* et non après le *do* qui est un *retard* harmonique, une note étrangère à l'accord qui l'accompagne, une dissonance se résolvant sur le *si* qui termine évidemment la première moitié du rhythme. Donc la césure grammaticale devait tomber sur le *si* et non sur *do*, et cela d'autant plus que le vers coupé comme suit n'a aucun sens: *L'orage en passant fait — gémir le feuillage.* La phrase doit donc être exécutée telle que la donne l'écriture suivante qui est conforme au texte allemand:

Le deuxième *do* devient très-fort étant répétition temporale, pénultième d'une incise féminine, dissonance et retard. Le *si*, au contraire, est très-faible et doit être enchaîné au *do* qui précède.

Il est évident que le silence après les mots: *Quand on me voit, l'on dit: le czar*, fait supposer que le sens grammatical est fini: voilà le czar, et on ne pressent ni attend le sens des paroles: *n'est pas plus heureux sur son trône.*

1. Édition Richault.

Il est fâcheux que les musiciens sacrifient ainsi la pensée grammaticale.

Voici encore un aimable échantillon. C'est *Un Rêve* d'un compositeur très-estimé, très-émérite.

Où finit le premier rhythme ? Évidemment au *fa* de la 2e mesure, quoique, à la rigueur, le *mi* suivant puisse être regardé comme note *finale ;* mais l'auteur considérant, dans le troisième rhythme, 5e mesure, ce même *fa* comme final, nous devons le prendre comme tel dans le premier. Or ce *fa* terminant le premier rhythme, le premier sens musical, il n'est pas possible que le commencement du deuxième vers, le mot *que,* tombe sur cette note. Cette phrase devrait donc être rétablie comme suit :

Des énormités pareilles pullulent dans la musique vocale, et nous n'aurions rien que l'embarras du choix si nous voulions pousser plus loin cette critique. Cependant, montrons encore par quelques exemples avec quelle intelligence on applique des paroles françaises ou latines à la musique composée d'avance :

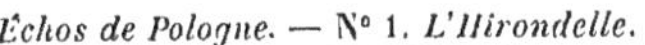
Échos de Pologne. — N° 1. *L'Hirondelle.*

Nous indiquons par des *coulés* les rhythmes et les incises. Le 1er texte : *L'Hirondelle aux cieux*, etc., est celui de la traduction primitive. Il est fautif : les paroles vont à l'encontre des rhythmes et des incises. Le 2e texte est de M. Victor Wilder ; texte correct, car chaque unité grammaticale est conforme à l'unité musicale. Aussi, quelle clarté, quelle facilité pour le chanteur ; quel soulagement pour l'auditeur !

Messe à 3 parties par Mercadante.

Où finit le premier rhythme ? Évidemment au *sol* de la 4e mesure ; donc la dernière syllabe de la phrase latine, le mot *sunt* doit tomber sur le *sol,* ce qui donne l'accentuation suivante :

Nous avons dit (p. 59) que la deuxième note de la mesure étant exceptionnellement la même que la première, avec plus grande ou égale valeur, prend l'accent. Cet accent musical est si important qu'on lui sacrifie plutôt le sens grammatical que de le laisser échapper. Si absurde que cela soit, on donnera de la force à la syllabe *ge* sous le 2e *mi*. C'est à l'auteur à prendre des précautions pour faire concorder les paroles avec la musique.

Voici la phrase italienne, où, à la place de ce non-sens, il y a une beauté réelle :

Dans l'admirable *Ave verum* de Stradella, composé en 1665, dont nous citons encore un passage page 101, on rencontre aussi le passage suivant :

Dans toutes les paroisses de Paris, on l'exécute tel, sans penser qu'on fait un contre-sens. Il faut être dépourvu de tout sentiment de rhythme pour ne pas sentir que la 5e mesure n'est que la répétition de la 4e, formant comme elle une incise, une unité, et qu'elle exige au moins un monosyllabe, un mot qui ait un sens grammatical. Du reste, en voici une correction et nous demanderons simplement lequel est le meilleur du texte original ou du texte modifié, lequel offre plus de facilité pour le chanteur :

Dans un dernier exemple, nous allons montrer combien quelquefois la syllabe vocale est peu conforme à la contexture, au dessin du rhythme :

Qui ne voit du premier coup d'œil ce dessin ascendant, cette accumulation de force, de mouvement, d'ardeur, d'ampleur, qui fait comme explosion à l'avant-dernière mesure ? Les trois triolets sur une syllabe aussi ingrate pour le chanteur que *rien!* Est-ce naturel? Est-il naturel d'assigner à des notes d'une expression si vive, d'une recrudescence si entraînante, la seule syllabe nasale *rien?* Ces triolets ne sont-ils pas comme le paroxysme de la passion la plus exaltée[1]? Est-il bon d'accoupler ainsi des syllabes aussi peu musicales à des notes aussi expressives? On répond : «Cela se fait, cela est bon». Il s'agit de savoir si on ne pourrait faire mieux; car, en fait d'art, il faut viser au parfait et non au passable. C'est une promiscuité et non une union. On sent que musique et paroles sont dues à deux inspirations différentes. Ce n'est pas la musique qui a provoqué les paroles, ce ne sont pas les paroles qui ont inspiré la musique. Chacune de ces créations avait une existence indépendante : elles ont été *superposées* et non *fusionnées.* Si encore le trait musical était simplement vocal, une *broderie*, une *cadenza fiorita*, etc., nous concevrions cet accouplement, mais ce trait est des plus passionnés, des plus pathétiques; son dessin, sa contexture, sa position à la pénultième mesure lui donnent une importance exceptionnelle. Chaque note a une importance réelle et demande une syllabe, et dût-on répéter la même, cela vaudrait encore mieux que ce qui est. Exemple :

n'ô-tent rien, non, non, non, n'ô-tent rien à ta ma-jes-té.

Les cas de mauvaises adaptations des paroles à la musique sont fréquents : nous engageons les professeurs à les corriger sans hésitation, car souvent les passages les plus énergiques, les plus passionnés sont affaiblis, estropiés par une syllabe.

On s'imagine peut-être que c'est une chose très-difficile, d'appliquer des paroles à un rhythme, à une phrase instrumentale; il n'en est rien. Qu'on lise attentivement les règles qu'il faut observer pour donner à un vers féminin un rhythme masculin, à un vers masculin un rhythme féminin (p. 45); qu'on se pénètre des observations de ce paragraphe et il est probable qu'on ne sera pas exposé à faire des bévues sur ce point.

Avant de terminer cette étude, qu'on nous permette une observation sur la manière plus ou moins heureuse dont les chanteurs *coulent,* enchaînent la dernière note d'un rhythme, d'une phrase, à la première d'un rhythme suivant. Nous nous souvenons d'avoir entendu chanter la romance*: Au Paradis,* par un artiste, professeur des plus renommés. La romance présente une espèce de dialogue entre un bon curé et sa gouvernante Marguerite. Cette dernière faisant au curé des reproches sur sa prodigalité, termine la phrase musicale sur le *ré* de la 4e mesure. Puis le pasteur reprend le refrain sur la note *sol:*

Eh bien! le croirait-on, ce chanteur illustre jugeait à propos d'*enchaîner* ces deux phrases par une traînée fulgurante qui arrachait les applaudissements du bon public! Cepen-

1. Cette multiplicité de notes sur une seule syllabe nous recule jusqu'aux *Neumes,* aux *Alleluia,* aux *Benedicamus,* etc. Saint Augustin la légitime en disant : «Elles ont pour objet de peindre le redoublement des affections, l'embrasement du cœur, l'excès de la joie, l'allégresse intérieure qui ne peut être exprimée par des paroles.» (Saint Augustin, *in Psalm. XXXII.*)

dant cet artiste venait de commettre un véritable crime artistique, en corrompant le goût du public pour quelques applaudissements. En effet, cette liaison, cette traînée dans l'exemple ci-dessus, est un contre-sens. Comment est-il possible à une personne de *couler*, de traîner un son chanté, soutenu par une autre? Et dire que les plus grands artistes tombent dans des fautes pareilles sans troubles de la conscience! Nous connaissons à merveille la puissance de l'effet qui résulte de l'enchaînement de deux phrases, mais encore faut-il que le procédé soit employé avec intelligence et ne heurte pas le bon sens:

FLOTOW. *Martha.*

Qu'ici, à la 4ᵉ mesure, on emploie ce procédé, nous le comprendrions. La répétition des mêmes paroles, la marche ascendante par degré conjoint, à partir de la 4ᵉ mesure, la modulation à la *sous-sensible*, la recrudescence de la phrase musicale, le point d'orgue sur la plus haute note du rhythme, sur la finale, exigent un déploiement de force, une énergie singulière. Il est donc naturel que le chanteur *épuisé* laisse tomber, traîner sa voix sur la 1ʳᵉ note du rhythme suivant et cela d'autant plus qu'elle arrive par un grand intervalle descendant.

Dans la musique instrumentale, par exemple au piano, il arrive, au contraire, qu'on enchaîne la dernière note d'un trait, d'un rhythme, à la première du rhythme suivant, si celle-ci arrive par un grand saut ascendant et si elle est répétée:

MOZART. *Sonate en fa.*

CHOPIN.

Voilà dans quelles circonstances, avec quelle contexture de rhythme, nous comprenons l'emploi de ce procédé duquel presque tous les chanteurs, violonistes et violoncellistes usent et abusent à qui mieux mieux.

---

§ 10. Règles de l'Accentuation rhythmique.

Accent de la note initiale.

Nous avons dit (p. 50) que la note finale de chaque rhythme apporte à l'oreille le sentiment d'un repos plus ou moins complet, qu'elle est accompagnée d'une chute de voix et suivie d'un silence. Dans ce fait réside toute la puissance de l'*accent rhythmique;* car qui dit flexion, silence, dit fatalement force, accent pour la note suivante. Si faible que soit cette note, elle impressionne l'oreille; de là:

1re règle : La *première note* de chaque *rhythme* est *forte*, quelle que soit la place qu'elle occupe dans la mesure ou dans le temps :

a) Quand c'est la note la plus haute d'un rhythme descendant ou la plus haute d'un rhythme secondaire, le premier ayant commencé par une note grave :

(Voyez l'Introduction de l'*Invitation à la valse.*)

b) Quand, exceptionnellement, elle tombe sur le temps *levé* ou dernier de la mesure, les rhythmes précédents ayant commencé sur le temps fort. Dans ce cas, la note initiale prend surtout de la force si elle est *syncopée*, c'est-à-dire prolongée par la première de la mesure suivante :

2e règle : La *première note* d'un rhythme est *faible :*

a) Si elle peut être considérée comme terminant une incise, c'est-à-dire, si tombant au commencement d'une mesure, elle est répétée ou suivie par un silence. Exemples :

Ce fait a surtout lieu quand le premier rhythme commence sur le temps fort, tandis que le deuxième commence par une note d'élan, sur le *levé*, comme dans ces deux exemples.

b) Dans les mesures à $\frac{6}{8}$ à 6 croches par mesure, qui renferment des rhythmes composés de six notes dont les trois premières appartiennent à la première mesure et les trois dernières à la deuxième, c'est-à-dire des rhythmes à cheval sur deux mesures, coupant chacune en deux moitiés, et prenant de l'une les trois dernières, de l'autre les trois premières notes. Exemple :

Si dans ces sortes de contexture on ne laissait pas dominer l'*accent métrique* en le marquant énergiquement, la mesure et le rhythme feraient naufrage, la mesure à $\frac{3}{4}$ deviendrait $\frac{6}{8}$ et le rhythme si distingué, à contre-temps, deviendrait trivial. L'effet suivant serait infailliblement produit :

Toujours est-il que c'est un fait original qu'un groupe de sons, tout en donnant à chaque note identiquement la même valeur, puisse, selon une accentuation rhythmique différente, former des *mesures* et des *rhythmes* différents. (Voyez le n° 11 du 2e livre des *Études* de Cramer, que rarement nous avons entendu exécuter correctement et dans lequel il faut faire sentir l'*accent métrique* pour sauver à la fois la mesure et le rhythme.)

Il arrive souvent que la note initiale d'un rhythme prend de l'accent dans tel cas et n'en prend pas dans tel autre. Si elle est suivie d'une *syncope* exceptionnelle ou si elle est résolution d'un trait, d'un trille, elle jette la force sur la deuxième note du rhythme. (Voyez p. 62.) Par exemple dans l'Andantino du *Carnaval de Venise*, de Schulhoff, le *fa* initial du premier rhythme prend de l'accent :

tandis que le *fa* du deuxième rhythme n'en prend pas, parce qu'il est suivi d'une *syncope* grave, arrivant par grand intervalle, qui absorbe toute la force.

A la 3e et à la 4e reprise du même rhythme, ce *fa* est précédé d'un trille et lui sert de note finale, de résolution. Il doit donc être enchaîné à ce *trille*, ce qui lui enlève sa force. Exemple :

Accent de la note finale.

1re règle : La *dernière* note d'un rhythme *masculin* est *forte :*

a) Si elle est répétition temporale ou seule dans la dernière mesure :

b) Si le rhythme qu'elle termine fait pendant à un rhythme féminin; dans ce cas, elle prend à elle seule toute la force et la durée de toutes les notes qu'elle remplace :

c) Si elle arrive exceptionnellement par un grand saut descendant; dans ce cas, elle est fréquemment précédée d'une *acciaccatura,* improprement appelée *appoggiature.*

2e règle: La dernière note d'un rhythme *masculin* est faible:

a) Si elle a une petite valeur, c'est-à-dire si le rhythme suivant commence sur le même temps ou sur le temps suivant :

Voyez, pages 4, 6 et 12, *G. Tell* de Thalberg. Dans toute une page la finale masculine est faible parce qu'elle a une petite valeur et est suivie dans le même temps par la note initiale du rhythme suivant;

b) Si elle est précédée d'une note pathétique:

c) Si la pénultième a une grande valeur exceptionnelle, ou si elle est précédée d'une grande valeur:

Donnez à l'avant-dernière note une syllabe, et le rhythme devient masculin :

Comme la musique est susceptible de recevoir aussi bien un vers masculin qu'un féminin, cette équivoque lui enlève évidemment de la franchise, de l'énergie.

Il arrive souvent que la dernière note d'un rhythme masculin est suivie d'une note chromatique servant de *conduit* mélodique, de *guidon;* dans ce cas, c'est un rhythme masculin féminisé :

De ces règles tirons la remarque suivante: Plus une phrase est énergique, plus sa note finale masculine est forte. Plus une phrase est douce, calme, plus la note finale masculine doit être faible. Plus la dernière note d'un rhythme masculin a de valeur, plus elle doit être forte. Moins la dernière note d'un rhythme a de valeur, moins elle doit être forte. Rien de plus désagréable qu'une exécution qui fait sentir avec brutalité et monotonie la fin des rhythmes. D'un autre côté, il est de mauvais goût de trop écourter la durée des dernières notes; cela donne aux rhythmes quelque chose de brusque, de sec, et laisse un vide choquant. Donc, ici encore, il faut que le bon sens et le goût dirigent l'exécutant. Que dans les danses et les marches les notes finales soient marquées avec énergie, cela va de soi.

3e règle: La dernière note d'un rhythme *féminin* est faible, doit être enchaînée à celle qui la précède et délicatement enlevée en même temps que celle-ci:

a) Quand celle qui la précède (la pénultième) a une grande valeur. Exemples:

b) Quand celle qui la précède est une note chromatique:

c) Quand celle qui la précède est une *répétition temporale* soit diatonique, soit chromatique:

4e règle: La dernière note d'un rhythme *féminin* est forte:

a) Si elle est syncopée; *b*) si elle est précédée d'un silence; *c*) si elle est une répétition temporale; *d*) si elle est prolongée par la première note du rhythme suivant:

RAVINA. Op. 60, n° 9.

Voyez pages 46 et 47.

5e règle : La *pénultième,* l'avant-dernière note d'un rhythme *féminin,* est forte. Elle prend surtout de l'accent : *a*) si elle a une grande valeur ; *b*) si elle est chromatique ; *c*) si elle est répétition temporale. (Voyez les exemples de la 3e règle.)

Souvent la pénultième à grande valeur est remplacée par un trille ou par un groupe de notes de broderie ; dans ce cas, c'est la 1re du groupe qui prend l'accent. Exemple :

Il en est de même de la 1re note de la dernière mesure d'un rhythme masculin prolongé ou féminisé. (Voyez 2e règle, *c.*)

En réalité la phrase termine sur la 1re note de ces mesures, mais on ajoute encore les autres notes comme pour satisfaire et éteindre les désirs de l'oreille, pour rendre la fin moins brusque et plus terminative.

Quand la pénultième arrive par grand saut descendant, elle est souvent précédée d'une note d'agrément ou appoggiature.

La raison qui veut que la pénultième d'un rhythme féminin soit forte est celle-ci : elle retarde la note que l'oreille désire, celle qui lui apporte le sentiment du repos final. Or, qui dit retard, dit obstacle, donc nécessité à déployer de la force pour le vaincre.

La pénultième peut donc être supprimée, ce qui rendrait le rhythme masculin et jetterait de la force sur la dernière [1]. Exemple :

GOUNOD.

Cette phrase pourrait être réduite comme suit :

Voyez l'exemple de Mozart, page 56.

Enlevez de même l'avant-dernier accord de la 1re et de la 2e mesure de l'introduction de la *Sonate pathétique*. Évidemment cette opération ôterait à ces phrases toute leur expression, toute leur originalité.

En résumé, plus une note est désirée, appelée, sollicitée par l'attraction des notes précédentes, moins elle est forte. Or, plus la note qui forme l'obstacle à l'arrivée de celle que l'oreille désire, est fausse, plus elle est complexe comme *répétition, dissonance, retard,* note *chromatique,* grande valeur, etc., plus aussi elle exige d'énergie. En réalité, c'est un accent pathétique; on dirait que l'oreille ne l'accepte que si elle lui est imposée avec violence.

En outre, une pénultième avec grande valeur peut être remplacée par plusieurs notes. Elle prend donc à elle seule toute la force de ces notes supprimées ou sous-entendues dont elle tient la place.

Voyez les exemples de la 5e règle de la page 88.

Accent des incises.

La première note d'une *incise* est forte, la dernière faible, quelle que soit la partie de la mesure ou du temps sur laquelle elles tombent. Même dans les danses la note finale d'incise est faible, même quand elle tombe au commencement d'une mesure [2].

---

1. Si la pénultième fait partie intégrante du dernier accord (de l'accord final), c'est la dernière note qui peut être supprimée; si elle n'en fait pas partie, si c'est une note étrangère au dernier accord, c'est elle qui peut être supprimée. Exemples :

GOUNOD.

2. Ce fait explique pourquoi les artistes exécutent mal la musique pour danse; c'est qu'ils sacrifient par trop les accents métriques aux rhythmiques et ne marquent pas assez la première note de chaque mesure.

Voyez les valses: *Faust,* par Gounod; *le Juif errant,* par Burgmüller; *les Roses,* par O. Metra; *les Traîneaux,* mazurka par Ascher, etc., dans lesquelles durant des pages entières la 1re note de la mesure est faible étant finale d'*incise* ou de *rhythme.* Cependant si la dernière note d'une incise est une syncope, une répétition temporale, ou enfin, si elle remplit la mesure entière, elle est forte:

La première et la dernière note d'une simple *incise* ont donc aussi la propriété de détruire l'accent métrique. Ainsi dans les deux premiers exemples de ce paragraphe la première note de chaque mesure est faible, tandis que la dernière est forte. Ces sortes de passages offrent sur le piano une certaine difficulté. Ce sont surtout les élèves bien organisés qui ont de la peine à jouer à contre-temps.

Rappelons-nous, enfin, que la dernière note des coupes métriques suivantes est forte: — — ; — — — — — ou , — (voyez pages 57 et 77), et que la dernière note d'un rhythme doit être suivie d'un silence à moins qu'elle ne soit accompagnée d'un point d'orgue, du mot *tenuto,* ou *coulée* à la note suivante:

Nous n'avons pas craint de donner à ce chapitre un grand développement. C'est qu'à nos yeux les *rhythmes* ont une importance capitale. Le lecteur a dû s'en apercevoir en voyant la multiplicité des aspects du sujet que nous venons de traiter. Nul ne peut espérer composer, écrire correctement, nul ne peut atteindre une exécution intelligente, artistique, si, spontanément ou par réflexion, il n'accentue selon l'affinité des notes, conformément à la tendance, à l'attraction naturelle qu'elles ont au repos.

§ 11. Exercices pratiques.

Dès la première *récréation* de la Méthode qu'on suit, il faut attirer l'attention de l'élève sur les *rhythmes*, c'est-à-dire sur le retour périodique, de 2 en 2, de 4 en 4, de 8 en 8 mesures, des mêmes notes, des mêmes valeurs formant des *dessins symétriques.*

Aussitôt que l'élève est initié aux rhythmes et habitué à saisir, dans les groupes de sons, une pensée, une unité musicale, il faut aussi le familiariser avec les *incises;* donc après avoir joué la Méthode ou un certain nombre d'airs sans tenir compte des incises, il reprend les mêmes airs et y marque les *incises.* Il faut lui indiquer où et quand il peut en faire, mais surtout où et quand il doit s'en abstenir.

L'élève doit examiner les *rhythmes* de tous les morceaux qu'il joue et corriger sans scrupule toutes les *accentuations* et *indications* défectueuses.

Il commencera d'abord à rhythmer des chansons, romances et danses, puis progressivement, les morceaux et études. Il faut lui donner fréquemment des airs de romances à *rhythmer* et à *inciser,* en ayant soin de cacher ou d'enlever les paroles, et comparer ensuite son annotation rhythmique avec celle qui résulte des paroles.

On dit qu'un des plus grands pianistes a passé trois ans en Italie rien que pour apprendre à rhythmer, à phraser, ce qui ne l'exempte pas de toute faute d'accentuation rhythmique.

Qu'on fasse le travail que nous prescrivons, qu'on donne à l'élève ce chapitre à lire, à copier, à résumer et peut-être n'aura-t-il pas besoin de faire le voyage d'Italie pour posséder la science et le sentiment du rhythme : la première Méthode venue et quelques mois d'application suffiront pour lui donner la connaissance des rhythmes, des incises, de la prosodie, de la phraséologie musicale et de l'accentuation rhythmique.

CHAPITRE VI.

DE L'ACCENTUATION PATHÉTIQUE.

Nous nous sommes mû, jusqu'à présent, dans la sphère de l'*instinct* et de l'*intelligence*. Il n'y a donc rien d'étonnant qu'on ait pu dresser des machines qui rendent convenablement les accents soit *métriques*, soit *rhythmiques*, lesquels reviennent toujours, on l'a vu, à *intervalles réguliers*, et sont séparés par des notes *non accentuées*.

Nous allons maintenant entrer dans le domaine du *sentiment*. Pour être senti et rendu, l'*accent pathétique* exige une âme; aussi est-il le signe artistique par excellence. On pourrait l'appeler, à juste titre, *accent poétique*. Car c'est lui qui imprime à certaines compositions un cachet si éminemment expressif. Plus une œuvre renferme d'éléments pathétiques: répétitions temporales, notes voisines aiguës ou graves, syncopes exceptionnelles, intervalles chromatiques, etc., et plus aussi elle est poétique.

L'accent pathétique n'est assujetti à aucune sorte de *régularité*. Il peut envahir une seule note ou plusieurs notes consécutives; il peut tomber partout, aussi bien sur les *temps faibles* que sur les *temps forts* des mesures, aussi bien sur la note *finale* que sur la note *initiale* des rhythmes. L'essence de son caractère se définit par ce seul mot: l'*imprévu*. Mais, quelle que soit sa place, il provoque les contrastes les plus délicats, les alternatives les plus émouvantes. Sous l'empire de son influence persistante, l'artiste subjugué, entraîné, traduit ses émotions non-seulement par un redoublement d'énergie, par une recrudescence de sonorité, mais encore par une accélération de vitesse, nécessairement suivie d'une lassitude, d'une sorte d'alanguissement dans le son et dans le mouvement, d'où naissent mille oppositions charmantes, mille nuances poétiques.

Aussi la complexité de cet accent nécessite-t-elle trois termes pour désigner trois phénomènes simultanés se rattachant à un même principe: *accent pathétique* proprement dit, *mouvement passionnel*, *nuances*. Chacun de ces points de vue sera l'objet d'un chapitre spécial.

Rappelons d'abord très-sommairement, pour nous guider dans la recherche des notes plus spécialement capables d'impressionner le sentiment musical et d'en exciter l'activité, la théorie que nous avons exposée page 5.

La musique moderne se compose de trois éléments principaux:

1° La gamme dans son double mode; 2° la mesure; 3° le rhythme.

Ces trois éléments ont imprimé à notre sentiment le triple besoin d'*attraction*, de *régularité* et de *symétrie* et l'ont habitué à une *logique* extrêmement *prompte*, mais *étroite* et *routinière.* A peine le sentiment a-t-il perçu un groupe de sons assujettis aux lois de la tonalité, de la mesure et du *rhythme,* qu'il *préjuge* et *désire* la *succession d'un groupe analogue.* En d'autres termes, à peine l'oreille a-t-elle perçu le premier rhythme d'un air, qu'elle préjuge et désire un rhythme pareil, dans le même ton, dans le même mode et avec la même disposition des notes.

Donc toutes les fois que se présentent une ou plusieurs notes *étrangères* à la gamme ou au mode dans lesquels se trouve le commencement d'un air — notes susceptibles, par conséquent, soit de *déplacer la tonique,* soit de *changer le mode,* soit de *retarder le repos* final et d'imposer à l'oreille d'autres désirs, d'autres attractions, — toutes les fois que se présentent des notes *irrégulières, inattendues, insolites* qui brisent la *régularité des accents métriques,* ou qui détruisent la *symétrie* du dessin rhythmique initial, il faut, pour ainsi dire, les imposer au sentiment qui en est *choqué, désorienté, étonné.* Son premier mouvement est de regarder ces notes comme *fausses;* mais sentant aussitôt qu'elles sont conformes aux lois de la *tonalité,* de la *modalité,* de la *mesure* et du *rhythme,* et qu'elles tendent seulement à former une *nouvelle gamme,* un nouveau centre d'attraction ou un nouveau dessin rhythmique, il fait effort pour les accepter. L'artiste manifeste naturellement ses impressions par une *sonorité* plus intense et par une animation plus grande, bientôt suivies d'épuisement et de langueur.

Prenons maintenant une à une ces *irrégularités,* ces *exceptions* auxquelles sont dues les diverses manifestations pathétiques du sentiment musical; observons-les à la fois dans leur mode d'apparition et dans leurs effets. Nous souvenant que nous écrivons moins pour les artistes que pour les élèves, nous ne craindrons pas d'entrer dans tous les détails nécessaires pour habituer le lecteur à une analyse minutieuse et lui prouver que souvent d'un fait imperceptible, insignifiant en apparence, dépendent la poésie, l'expression, la vie d'une composition.

---

§ 1er. Exceptions métriques.

La principale exception à la régularité de l'accentuation métrique est la *syncope.*

La *syncope* résulte d'une note faible prolongée par une forte; c'est la dernière note d'une mesure, d'un temps ou d'une fraction de temps prolongée par la première de la mesure, du temps ou de la fraction de temps qui suit[1]. Exemples:

1. Il y a une grande différence entre la *syncope* et la *prolongation.* Celle-ci est simplement une note d'un temps fort, ou d'une partie forte d'un temps, prolongée. Exemples:

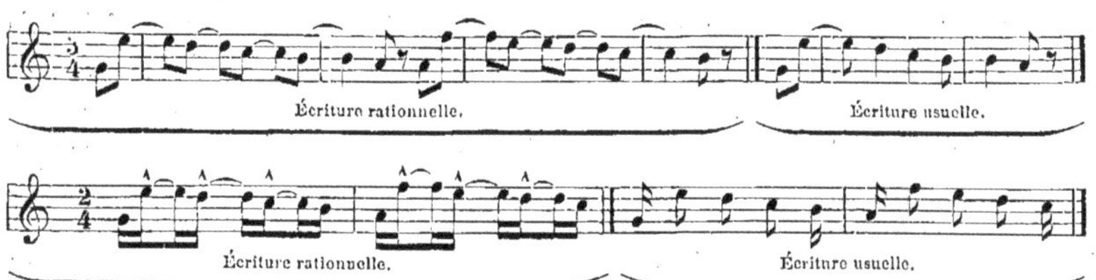

Ces exemples nous montrent que c'est l'*accent métrique* qui est détruit par la syncope, mais non la *mesure*. La note qui *métriquement* devrait être *forte*, est faible; la faible devient forte par l'énergie que lui cède la note qui perd son articulation. La syncope rompt donc la *régularité* de l'accent métrique. Dans la mesure à trois temps, la note qui vaut le 2e temps produit, si elle est prolongée, l'effet d'une syncope. C'est là probablement ce qui a fait croire que dans ces mesures le 3e temps était fort[1]. Exemples :

La *syncope* est surtout très-énergique quand elle se présente exceptionnellement plusieurs fois de suite :

1. Nous avons vu, pages 46 et 88, que la *syncope* ne détruit pas seulement l'*accent métrique* en déplaçant les sons forts; elle détruit encore l'*accent rhythmique*, en donnant à la dernière note d'un rhythme féminin, naturellement faible, une très-grande force. Exemples :

§ 2. Exceptions rhythmiques.

Nous comprenons dans ce paragraphe toute note, tout groupe de notes qui par sa valeur exceptionnelle, par sa direction ascendante ou descendante, par sa marche par degré conjoint ou disjoint, etc., détruit la symétrie du dessin rhythmique auquel il appartient et fait ainsi contraste avec les notes qui le précèdent ou le suivent.

S'il se présente exceptionnellement une *grande valeur,* après des petites, elle prend une énergie très-grande; on l'enfle:

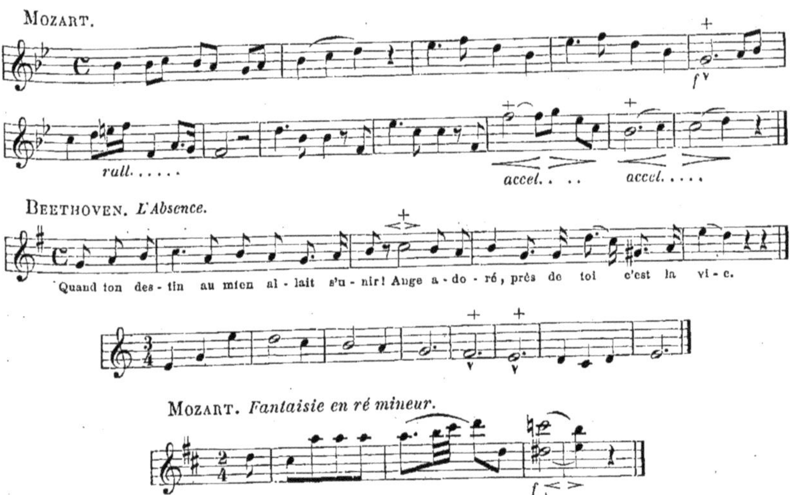

Bien entendu, si la grande valeur est la dernière d'un rhythme féminin, elle ne prend pas d'accent particulier.

Si une seule note ayant exceptionnellement une grande valeur prend de la force et modifie le mouvement, à plus forte raison doit-on énergiquement accentuer une note qui, *exceptionnellement,* est *répétée plusieurs fois de suite.* Évidemment ces notes représentent une recrudescence et une énergie intentionnelle très-grandes, surtout quand elles s'offrent en syncope. Le dernier exemple se présente d'abord avec *4 ré ♯, do ♮*; aussi exigent-ils autant de force que l'instrument peut en donner. (Voyez dans la *Lucia: O bel ange;* dans la *Favorite: Pour tant d'amour,* et l'exemple de Bellini, page précédente.)

Si, à la place d'une grande valeur ou d'une seule note, le *pendant* d'un rhythme présente de petites valeurs, on accentue celles-ci :

Lorsque, dans une phrase composée de *blanches*, de *noires*, de *croches*, de *doubles croches*, etc., il se présente *exceptionnellement* une mesure à contexture *ascendante*, avec une *seule note* par temps, autant de notes que de temps, celles-ci sont accentuées.

Quand la mesure est à contexture descendante, les notes, dans le même cas, exigent une grande élasticité.

Ces notes exceptionnelles prennent surtout de l'accent si elles marchent par degré disjoint, quand les notes qui précèdent et suivent se succèdent par degré conjoint.

On donne de l'accent aux notes qui forment *triolets* exceptionnels, surtout à la fin d'une phrase. (Voyez l'exemple de Meyerbeer, page 81.)

A la fin d'un rhythme, si ces *triolets* ou petites valeurs forment un dessin uniforme descendant, une espèce de cascade, on ne les accentue pas.

On n'accentue pas non plus les notes de broderie qui remplacent la *pénultième* à grande valeur. (Voyez *Accent rhythmique,* pages 45 et 88.)

On donne de l'accent aux notes du 2e rhythme qui exceptionnellement sont plus hautes, ou qui procèdent par plus grand intervalle que celles qui leur font *pendant* dans le premier rhythme.

Quel est l'artiste qui ne serait pas surpris par le 1er *si* de la 3e mesure? Son premier mouvement est de le regarder comme une faute. Puis, répétant la phrase, tout en ralentissant un peu, il voit que c'est avec intention que l'auteur l'a employé. Aussi lui prête-t-il toute son attention et découvre une beauté réelle là où il croyait voir une erreur.

Il en est de même de l'exemple suivant :

Quel est l'artiste qui n'est pas surpris par le *mi* ♭ de la 6e mesure? Cette note trompe son attente et confond sa logique. Aussi manifeste-t-il son étonnement par une accentuation beaucoup plus forte.

On accentue énergiquement les notes d'*élan* (voyez page 50) qui, à la *reprise*, commencent le 1er rhythme sur le temps faible: 1° si la première fois il a commencé sur le temps fort; 2° si ces notes sont plus nombreuses; 3° si elles changent de direction (voyez l'exemple de Leybach, cité page 84):

On accentue fortement la note *haute* qui vient par grand saut *ascendant*, surtout si elle est précédée de notes se succédant par degré conjoint ou de notes d'*élan*.

(Voyez, page 94, les 2 exemples de Rossini.)

Toute note précédée d'une note ou de plusieurs notes d'agrément est forte. Néanmoins si ces notes se trouvent devant la dernière d'un *rhythme féminin*, celle-ci n'est pas forte [1]. (Voyez page 48.)

La note haute la plus aiguë d'un groupe prend surtout de l'accent quand elle commence un rhythme. (Voyez page 84.)

1. Généralement ces *petites notes* sont employées : 1° devant la note voisine aiguë, surtout à la fin d'un rhythme (voyez page 101); 2° devant la note qui précède la note voisine grave tombant au commencement d'un temps; 3° devant la répétition *temporale* ou toute autre note *pathétique* qui tombe sur le dernier temps de l'avant-dernière mesure des rhythmes masculins; 4° devant la note qui arrive par grand saut ascendant ou descendant. (Voyez page 88.)

Nous engageons nos lecteurs à user avec sobriété de ces sortes d'*appoggiatures, acciaccatures, mordants*, etc., et à ne pas en faire quand l'auteur s'est abstenu de les indiquer.

Si la plus haute est suivie de notes descendant par degré conjoint ayant une égale valeur, comme à la dernière mesure de l'exemple précédent, on la *glisse* et on détache les suivantes, particulièrement au 2e rhythme :

S'il se présente exceptionnellement, à l'*avant-dernière* mesure d'un rhythme, un groupe de notes descendant, on en *glisse* la première, la plus haute, et on donne une grande élasticité aux suivantes :

On glisse de même la plus *haute* note d'un *trait ascendant*, si elle est suivie de la seconde inférieure ayant une égale valeur, ou si cette note suivante arrive par un grand saut descendant :

RAVINA. *Douce Pensée.*

L'effet de la note glissée doit être analogue à celui que produit une balle élastique brusquement lancée. Celle-ci fait une suite de bonds, de ricochets de plus en plus petits. Au piano, pour obtenir tout l'effet possible, il faut observer les règles suivantes : 1° garder le doigt sur la note qui précède la plus haute qu'on veut couler, et enlever les deux notes en même temps, tout en les glissant; 2° donner peu de force à la plus haute; 3° lui ôter la moitié de sa valeur, en intercalant un silence; 4° retarder celle qui suit; 5° jouer avec élasticité et délicatesse les deux ou trois notes qui suivent celle qui succède à la plus haute, tout en pressant un peu. Bien entendu, il faut être d'une extrême prudence dans l'emploi de ce procédé. Dans la musique de genre seule, telle que *Nocturnes, Rêveries, Caprices,* etc., il est permis d'en faire usage.

Toute *répétition temporale* exceptionnelle exige essentiellement l'accent pathétique[1]:

STRADELLA.

BEETHOVEN. Adagio de la *Sonate pathétique.*

Mais la note qui, plus que toute autre, exige l'accent pathétique, c'est la note *voisine aiguë:* 1° si elle tombe au commencement d'un rhythme; 2° si elle a une plus grande valeur; 3° si elle tombe sur l'avant-dernier temps d'un rhythme; 4° si elle vient après un silence[2].

DONIZETTI.

CAMPANA. *Vivre sans toi* (3).

1. Voyez pages 58 et 80.

2. On appelle note *voisine aiguë* un *ré* entre 2 *do: do,* ***ré****, do;* un *mi* précédé et suivi d'un *ré*, etc. La note *voisine grave* c'est un *do* entre 2 *ré: ré,* ***do****, ré;* un *sol* précédé et suivi d'un *la*, etc. Souvent la voisine aiguë est suivie, mais *non précédée* de la note grave. Voyez, page 102, l'exemple de Verdi. La voisine aiguë ainsi que la *note haute* paraissent jouer un rôle pathétique même dans le plain-chant. — Voyez le *Dies iræ.*

3. Paris, chez Heugel.

(Voyez l'Introduction de l'*Invitation à la valse*, et l'exemple de Rossini, page 103.)

La note *voisine aiguë* prend surtout un accent très-énergique quand elle est répétée plusieurs fois consécutivement :

Dans ce cas, l'accent pathétique devient réellement *emphatique*. Il a quelque chose de douloureux, d'oppressé, de suffoqué. Du reste, il y a plusieurs cas où l'accent pathétique prend un caractère emphatique. Les principaux sont :

1° Quand la *répétition temporale* se présente exceptionnellement plusieurs fois de suite :

Stradella. (Voyez page 101.)

2° Quand la *pénultième* d'un rhythme féminin est une note voisine *grave* ou *aiguë* chromatique :

3° Quand les *temps ternaires* contiennent plusieurs fois de suite un silence sur le 1er tiers du temps:

Nous sommes convaincu que le nom de *soupir* qu'on donne en France au silence d'une noire tire son origine de l'effet que produisent ces coupes.

---

§ 3. Exceptions tonales et modales.

Toute note chromatique, c'est-à-dire étrangère à la *gamme* et au *mode* dans lesquels la mélodie est construite, est forte : 1° si elle a une grande valeur ; 2° si, avec une grande valeur, elle est note *voisine* grave ou aiguë, ou simplement note aiguë ; 3° si elle est pénultième d'un rhythme[1].

Les notes chromatiques à petite valeur qui se trouvent dans un *trait,* soit en forme de gamme, soit en arpége, ne prennent pas d'accents.

Toute note ou tout passage qui détermine un déplacement de la *tonique* ou un changement de *mode* exige accent. Chaque *modulation* ne pouvant avoir lieu qu'en introduisant soit dans le chant, soit dans l'accompagnement, pour le moins un *dièse* ou un *bémol* nouveau, est comprise dans ce paragraphe. Néanmoins nous allons lui consacrer quelques remarques spéciales[2].

---

1. Il est évident que les ♯ et ♭ nécessaires pour obtenir la parfaite symétrie dans les progressions mélodiques ne prennent pas d'accent, n'étant pas pathétiques. Il en est de même de la note voisine grave diésée: c'est une note euphémique.

2. Voyez nos *Exercices de piano* (page 65), chapitre des *Modulations.*

Moduler, c'est changer la *tonique* ou le *mode*, ou les deux à la fois; c'est enlever aux notes leurs fonctions pour leur en imposer d'autres; c'est leur donner un autre point d'appui, un autre centre d'attraction, en un mot, c'est *étonner* le sentiment, c'est-à-dire le frustrer des notes qu'il désire, qui satisferaient sa logique, pour lui en imposer d'autres. Évidemment cette substitution n'a pas lieu sans lutte : une *tonique* est une souveraine et ne se laisse pas détrôner sans combat. Le sentiment ne cède à l'attraction de la nouvelle *tonique*, qu'après lui avoir d'abord opposé une certaine résistance. Avant tout, il cherche à se cramponner à la *tonique* initiale et ne l'abandonne que subjugué et entraîné, bon gré mal gré, dans l'orbite de la tonique nouvelle[1]. Plus celle-ci est éloignée, c'est-à-dire plus la gamme qui succède à celle que l'on quitte amène de notes étrangères à la première, et plus la *modulation* exige d'efforts. Si la *modulation* est trop éloignée, si le changement est trop brusque, il faut, pour ainsi dire, violenter, abasourdir l'oreille et lui *imposer*, à force de *sonorité*, la nouvelle *tonique*.

1. Voyez page 7.

Dans cet exemple on *module* de *sol* mineur à son relatif *si* ♭ majeur; on ôte au sentiment non-seulement le *ton* et le *mode* auxquels il est habitué, mais encore on le menace de lui imposer une gamme, celle de *si* ♮, avec laquelle celle du rhythme précédent n'a aucune affinité. L'accord de *sixte augmentée, sol* ♭, *si* ♭, *ré* ♭, *mi* ♮, à la 5e mesure est composé des mêmes touches qui forment l'accord de septième de *dominante* de *si* ♮, qui naturellement se résout sur *fa* ♯, *si* ♮, *ré* ♯, tandis que l'accord *sol* ♭, *si* ♭, *ré* ♭, *mi* ♮ nous jette en *si* ♭, c'est-à-dire un demi-ton plus bas. (Voyez page 111.)

Comment le sentiment ne serait-il pas *étonné* par des évolutions si brusques et si hardies? Ces passages produisent sur lui le même effet que produirait sur notre corps son brusque déplacement de la Sicile en Sibérie.

Les notes formant des *intervalles augmentés* ou *diminués*, quoique ayant place normalement dans le mode mineur, prennent néanmoins de l'accent si elles ont une grande durée. Ainsi les *secondes*, les *quintes*, les *sixtes* augmentées; les *tierces*, les *quartes* et les *septièmes diminuées* doivent être accentuées. Il en est de même de la *quarte majeur fa si* et de la *quinte mineure si fa*, quoique ces deux intervalles aussi se trouvent normalement dans le mode majeur et mineur[1]. Exemples :

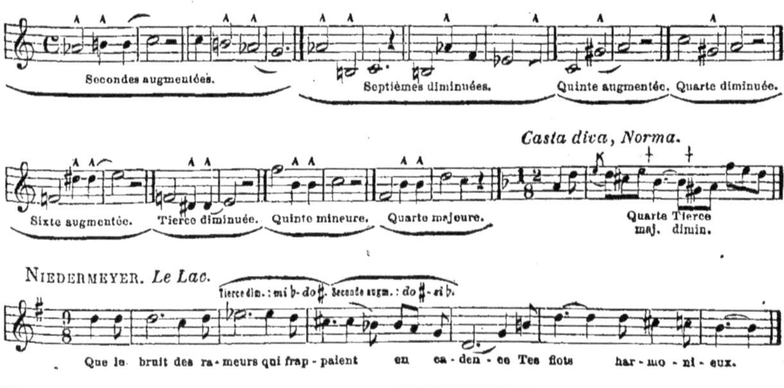

1. L'explication de ce fait est des plus simples : il n'y a qu'une seule quarte augmentée, qu'une seule quinte diminuée dans la gamme majeure. Donc, ces intervalles, arrivant plus rarement, nous impressionnent davantage. Les 2 termes de ces intervalles sont le type des ♯ et des ♭; *si* est le modèle des ♯, *fa* est celui des ♭.

Si les notes *chromatiques*, si les *intervalles diminués* et *augmentés,* quoique normaux dans la gamme mineure, sont énergiques, à plus forte raison doit-on donner de l'accent aux passages *enharmoniques.* On dirait, dans ce cas, que la voix épuise toutes ses forces pour se cramponner à la tonalité qui lui échappe. (Voyez Victor Massé, air de *Pygmalion.*)

Dans ce passage, un des plus grandioses, des plus sublimes que nous connaissions, Beethoven module *enharmoniquement* de la gamme la plus douce à la plus énergique que puisse offrir le système de *tempérament* du piano : de *la* ♭ mineur en *mi* majeur. Évidemment entre *mi* majeur et *la* ♭ il n'y a, en apparence, aucune corrélation, aucune affinité. Mais *mi* est rendu par la même touche que *fa* ♭; or, *fa* ♭ est la *sous-sensible* mineure, c'est-à-dire *modale mineure* de *la* ♭, et la modulation à la *sous-sensible* mineure est très-fréquente, quoique la nouvelle gamme, celle dans laquelle on module, ait 4 ♭ de plus, ou 4 ♯ de moins que la gamme quittée. Elle est possible, parce que les deux principales notes (*tonique* et *dominante*) de la nouvelle gamme sont *modales* mineures dans la précédente[1].

1. Voyez nos *Exercices de piano* (page 73), chapitre des *Modulations.*

§ 4. Exceptions harmoniques.

Pour comprendre ce paragraphe il est indispensable d'avoir quelques notions d'harmonie. Nous engageons donc nos lecteurs à lire, dans nos *Exercices de piano,* le chapitre de la *gamme harmonique* (page 49), dont nous allons donner un court résumé.

On appelle *gamme harmonique* les notes d'une gamme *majeure* ou *mineure* superposées par *tierce.* Exemples : gamme harmonique de *do* majeur : *do, mi, sol, si, ré, fa, la, do;* gamme harmonique de *do* mineur : *do, mi* ♭, *sol, si, ré, fa, la* ♭, *do.* La gamme harmonique est excessivement utile pour trouver les accords qui sont employés dans telle ou telle gamme ou ton. Ainsi, quand un morceau est en *do* majeur, les accords presque exclusivement employés sont, *do, mi, sol; sol, si, ré, fa; fa, la, do,* ou *fa, la, ré.* Quand le morceau est en *la* mineur, les accords le plus souvent employés sont : *la, do, mi; mi, sol* ♯, *si, ré; ré, fa, la;* ou *ré, fa, si.* On voit que la gamme harmonique fournit *directement,* en partant de la *tonique* grave, tous les accords les plus fréquemment employés.

Prenez de la gamme harmonique les trois premières notes; elles forment l'*accord parfait,* le premier et principal accord de la gamme; c'est lui qui termine le morceau et apporte à l'oreille le sentiment d'un repos complet, *parfait.*

En prenant la troisième ou dernière note du 1er accord comme *base* fondamentale, et en y ajoutant les 3 notes harmoniques qui suivent, on a *sol, si, ré, fa,* l'accord de 7e *de dominante,* le 2e en importance. Cet accord a 4 notes et, sauf de très-rares exceptions, c'est lui qui est l'*avant-dernier* accord du morceau. Il pénètre l'oreille du besoin d'entendre le 1er accord; car, étant *dissonant,* il ne peut lui apporter le sentiment du repos final complet. Une foule de morceaux ne sont accompagnés que par ces deux accords. En prenant la 4e ou dernière note du 2e accord comme fondamentale et en y ajoutant les 2 dernières notes de la gamme harmonique, on obtient *fa, la, ut,* accord de la *sous-dominante,* le 3e en importance. Enfin, outre ces trois accords, on rencontre très-souvent le 1er *renversement* de l'accord de *quinte* de la *sous-médiante.* Exemples : en *do* majeur, *fa, la, ré,* 1er renversement de *ré, fa, la;* en *la* mineur, *ré, fa, si.* Observons qu'on trouve ce 4e accord en substituant à la dernière note du 3e accord la note *diatonique* supérieure. Ainsi, dans la gamme de *do,* le *do* du 3e accord, *fa, la, do,* est remplacé par le *ré,* qui, avec les deux premières notes du 3e accord, forme le 4e, *fa, la, ré;* dans la gamme de *ré,* le *ré* est remplacé par *mi;* dans celle de *mi,* le *mi* par *fa* ♯, etc.

Pour le ton de *ré,* les 4 principaux accords sont : 1er accord, *ré, fa* ♯, *la;* 2e accord, *la, ut* ♯, *mi, sol;* 3e accord, *sol, si, ré;* 4e accord, *sol, si, mi.* Pour le ton de *mi: mi, sol* ♯, *si,* accord parfait; *si, ré* ♯, *fa* ♯, *la,* 2e accord; *la, ut* ♯, *mi,* 3e accord; *la, ut* ♯, *fa* ♯, 4e accord. Il en est de même pour toutes les autres gammes.

Ces quatre accords sont presque les seuls qu'on emploie, dans les compositions simples, *élémentaires,* soit à l'état direct, soit renversés, aussi bien pour le mode majeur que pour le mode mineur. *Ce sont aussi les seuls accords qui n'amènent pas l'accent pathétique.* Tous les autres, surtout s'ils ont une grande durée, demandent de la force. Il n'en peut être autrement. Ces accords renfermant des notes étrangères à la gamme dans laquelle le commencement de l'air se trouve, jouent un rôle plus important dans une autre gamme, ils tendent à déplacer la *tonique.*

Donc, tout accord qui renferme des accidents, ♯, ♭ ou ♮ n'appartenant pas à la gamme dans laquelle l'air se trouve, est fort[1].

Nous allons passer en revue les accords contenant des notes *chromatiques* et qui prennent l'accent.

Accord de 7° de sous-médiante avec double altération.

Le 4e accord dont nous venons de parler se présente assez fréquemment avec une ou deux altérations. Exemples : *fa, la, ré* ♯, ou *fa* ♯, *la, do, ré* ♯, au lieu de *fa, la, ré.* De plus, cet accord conserve très-souvent la note aiguë du 3e accord, ce qui en fait un accord de 7e de *sous-médiante.* Dans ce cas, il prend une force très-grande, surtout si les notes ont une longue durée[2].

BEETHOVEN, Op. 26; 4e variation, mesure 15e.

Selon nous, le 1er accord de cet exemple est mal écrit : il faudrait *si* ♮ au lieu de *do* ♭. On nous objectera que *do* ♭ ou *si* ♮ produisent le même son, par conséquent la manière d'écrire importe peu. C'est une erreur ! En théorie comme en pratique, un *si* ♮ joue un tout autre rôle qu'un *do* ♭; sa résolution est toute différente. Que dirait-on si on écrivait la gamme de *ré* ♭ mineur avec *la* ♭, *la* ♮, au lieu de : *la* ♭, *si* 𝄫; que dirait-on si on écrivait le mot père avec *ci?* Cependant la prononciation est la même dans les deux cas.

LYSBERG. Op. 57.

Cet exemple renferme deux fois le 4e accord altéré.

1. Il est nécessaire de connaître si les accidents qu'on rencontre sont *chromatiques*, c'est-à-dire étrangers à la gamme dans laquelle la période se trouve, ou s'ils sont seulement le résultat d'une *armure* défectueuse. A ce point de vue l'armure a une importance très-grande, et les compositeurs ont tort de la négliger. Répétons ce que nous avons dit page 28 de nos *Exercices de piano :* « Toutes les fois qu'on change de *ton* et qu'une période d'une certaine étendue se trouve dans une autre gamme que celle indiquée par l'armure primitive; *on devrait aussi changer celle-ci,* et mettre l'armure de la gamme dans laquelle la phrase se trouve effectivement. — Par exemple, dans l'ouverture de *Zampa* écrite en *ré,* avec deux ♯, se trouve la *Prière* qui est en *si* ♭. L'auteur, conservant pour ces 16 mesures l'armure de *ré,* est forcé d'employer une centaine de ♮ et de ♭. Pas un seul accident ne serait nécessaire avec l'armure effective de *si* ♭. » — Évidemment dans des cas pareils les accords précédés d'accidents n'exigent pas de force.

2. Remarquez surtout que les notes altérées sont la *seconde* et la *quarte* de la gamme diatonique, en *do, ré* ♯ *et fa* ♯.

L'accord de 7ᵉ de *sous-médiante* avec double altération est surtout fort quand, avec une grande valeur, il tombe sur l'avant-dernière note d'un rhythme féminin.

Accord de la 7ᵉ diminuée.

Cet accord a pour base ou note fondamentale la 7ᵉ note (la *sensible* de la gamme mineure), à laquelle on superpose les trois notes harmoniques suivantes. Exemples : accord de la 7ᵉ diminuée de *do* mineur : *si* ♮, *ré, fa, la* ♭; de *la* mineur : *sol* ♯, *si, ré, fa* ♮. Le nom de 7ᵉ diminuée lui vient de l'intervalle que forme la note grave avec la note aiguë. Exemples : *si-la* ♭; *sol* ♯-*fa* ♮, 7ᵉˢ diminuées.

MOZART. *Sonate en fa.*

A la vérité, l'accord *sol* ♯, *si, fa* ♮ est un accord de 7ᵉ de sous-médiante de *ré,* avec double altération, et non un accord de 7ᵉ diminuée de *la* mineur, car il faudrait *mi* ♯ et non *fa* ♮ pour la résolution *la, ré, fa* ♯. La même observation s'applique au 1ᵉʳ accord de la 5ᵉ mesure suivante.

BEETHOVEN. Op. 26.

(Voyez les 4 premières mesures de la *Sonate pathétique.*)

Accord de 7e de la sous-médiante mineure.

Cet accord a pour base ou fondamentale la 2e note (sous-médiante de la gamme mineure), à laquelle on superpose les trois notes harmoniques qui la suivent. Exemples : accord de 7e de la sous-médiante de *do* mineur : *ré, fa, la* ♭*, do ;* de *la* mineur : *si, ré, fa* ♮*, la.*

Accord de sixte augmentée.

Cet accord a sa base ou fondamentale sur la 6e note (sous-sensible d'une gamme mineure), à laquelle on ajoute les deux notes harmoniques qui la suivent, plus la sixte augmentée de la fondamentale. Exemples : en *do* mineur, *la* ♭*, do, mi* ♭*, fa* ♯; en *la* mineur, *fa, la, do, ré* ♯. En réalité, cet accord n'est autre que le 1er renversement du 4e accord, dont nous avons parlé page 108, avec altération de la note fondamentale. Exemple : *ré, fa, la, do*, 4e accord de *do ; fa, la, do, ré*, 1er renversement; *fa, la, do, ré* ♯, 1er renversement avec la fondamentale altérée de l'accord. Nous ferons remarquer que, au piano, l'accord de sixte augmentée est formé par les mêmes touches qui constituent un accord de 7e de dominante; c'est-à-dire qu'un accord de 7e dominante est susceptible d'être considéré, *enharmoniquement*, comme accord de sixte augmentée et comme tel de recevoir une résolution inattendue, étonnante, grandiose. (Voyez page 105.) De même un accord de 6e augmentée peut être considéré comme accord de 7e de dominante et recevoir une résolution tout autre que celle qu'impliquerait son écriture[1].

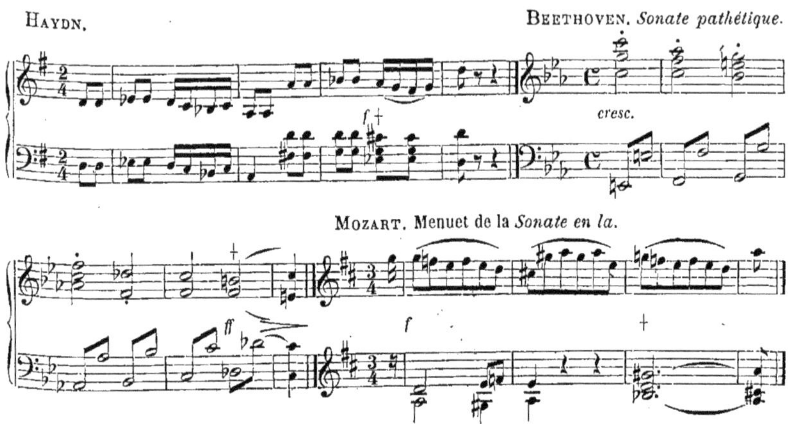

Accord de quarte et sixte augmentée.

Cet accord a sa *base*, comme le précédent, sur la 6e note (sous-sensible d'une gamme mineure), à laquelle on ajoute la note harmonique qui la suit, plus la *quarte* et la *sixte* de la fondamentale. Exemples : en *do* mineur, *la* ♭, *do*, *ré*, *fa* ♯; en *la* mineur, *fa*, *la*, *si*, *ré* ♯. En réalité, c'est le 2e renversement de l'accord de 7e sensible avec une altération. Exemple : accord de 7e sensible en *do* majeur : *si*, *ré*, *fa*, *la*; *fa*, *la*, *si*, *ré* ♯, 2e renversement avec altération.

Accord de quinte augmentée.

Cet accord a sa base ou note fondamentale sur la 3e note des gammes mineures, à laquelle on ajoute encore les deux notes harmoniques qui la suivent. Exemples : en *do* mi-

[1]. Voyez nos *Exercices de piano*, pages 73 et 74.

neur, *mi* ♭, *sol*, *si* ♮; en *la* mineur, *do, mi, sol* ♯. Il est à remarquer que cet accord ayant sa raison d'être, son titre d'origine en mode mineur, n'y est pourtant jamais employé et ne sert que dans le majeur relatif.

GODEFROID.

ROSSINI. *Guillaume Tell.*

Accord de 7e avec quinte augmentée.

L'accord de 7e de dominante se présente parfois avec la quinte augmentée.

WEBER. *Invitation* BEETHOVEN. Op. 13.

Accord de 9e majeure et mineure.

Cet accord n'est que l'accord de 7e dominante, auquel on ajoute encore la tierce supérieure, majeure ou mineure.

E. PRUDENT. *Lucie.*

Le 1er accord de la 3e mesure (*la* ♭, *do, mi* ♭, *la* ♮) est évidemment mal écrit, il faut *si* ♭♭ au lieu de *la* ♮.

Des retards harmoniques.

Nous avons vu, page 88, que toute note qui met obstacle à l'arrivée de celle que l'oreille désire pour note de repos est *forte.*

BEETHOVEN. Op. 27.

Le *sol* ♯ de la 2e mesure, le *la* ♯ de la 3e et le *si* de la 4e pourraient être supprimés; ce sont des *retards,* de véritables *appoggiatures.* Ils forment dissonance et exigent beaucoup de force, d'autant plus que ces notes sont en même temps pénultièmes d'un rhythme féminin. (Voyez pages 56 et 89.)

CHOPIN. Op. 6. BEETHOVEN.

Dissonances[1].

Nous avons dit, page 104, que toute modulation éloignée doit pour ainsi dire être imposée à l'oreille par une sonorité puissante. La même remarque s'applique aux *dissonances* ayant une grande durée. Plus une agglomération de notes offre d'éléments hétérogènes, plus elle est dure, dissonante, plus aussi elle exige de force, de vigueur dans l'attaque. L'oreille ne la subit que si elle lui est brutalement imposée. On dirait que nous avons besoin de perdre souvenance, d'être saisis, étourdis en un mot, pour l'accepter!

MOZART. *Minuetto.*

1. Les dissonances résultent : 1° des renversements des accords de 7e et de 9e; 2° des altérations et des notes étrangères à l'accord; 3° des retards d'une ou de plusieurs notes; 4° des anticipations d'une ou de plusieurs notes; 5° de la pédale harmonique. Toutes les fois qu'un accord présente, dans ses renversements, des secondes majeures ou mineures — de tons ou de demi-tons — il est dissonant. La seconde est l'élément générateur des dissonances, comme la tierce l'est des consonnances.

Une des plus hardies et des plus belles dissonances que nous connaissions se trouve dans l'Adagio de la *Sonate* en *ut* ♯ mineur de Beethoven. Quelle force, quelle sonorité il faut employer pour l'imposer à l'oreille!

§ 5. Exercices pratiques.

Il ne faut jamais exécuter un morceau quelconque sans examiner, aussitôt après le déchiffrage, s'il ne renferme pas des éléments pathétiques, c'est-à-dire des notes *exceptionnelles* aux points de vue métrique, rhythmique, tonal-modal et harmonique : *syncopes, valeurs exceptionnelles,* grandes ou petites, *répétitions,* notes *voisines aiguës* ou *graves, répétitions temporales,* notes, intervalles ou accords *chromatiques,* notes *aiguës,* notes *hautes* remplaçant des notes *graves,* notes changeant la *direction,* la *disposition* du dessin rhythmique, *retards* ou *appoggiatures,* etc. L'élève doit indiquer les notes et passages susceptibles d'accentuation, mettre lui-même les signes: chevrons, points, virgules, les *f*, les *s. f.*, *ff*, les *p*, *pp*, etc., corriger enfin toutes les indications fautives.

L'accent pathétique doit être évité d'une manière absolue dans les morceaux d'un mouvement vif.

Dans les morceaux à mouvement lent et modéré, expressifs et passionnés, on doit l'employer, mais toujours avec sobriété et prudence. Rien de prétentieux comme l'exécution d'un morceau à contexture simple et uniforme surchargé d'accents pathétiques!

CHAPITRE VII.

DU MOUVEMENT PASSIONNEL.

Nous abordons la partie la plus délicate de notre travail, car ici nous nous trouvons en présence de deux écoles professant des principes diamétralement opposés. L'une exige un mouvement uniforme, sans *accélération* ni *ralentissement;* l'autre, au contraire, a coutume d'accélérer ou de ralentir à chaque rhythme, à chaque incident. Pour les premiers, jouer avec la régularité et la précision d'une machine est le comble de la perfection; pour les seconds, altérer le mouvement à chaque rhythme et rendre l'exécution boiteuse n'a rien de désagréable. Les uns sacrifient le détail à l'unité, les autres l'unité au détail. Toutefois nous croyons avoir remarqué qu'il n'y a pas de plus chauds partisans de l'uniformité du *mouvement général* que ceux précisément qui n'ont pas le sentiment de l'*expression.*

Ils prétendent que le vrai virtuose ne pouvant pas rencontrer d'obstacles, de difficultés de mécanisme, ne peut pas non plus être arrêté dans son élan et, par suite, n'a pas de raison pour modifier son mouvement. Cette objection qui, à première vue, peut paraître plausible, n'est pas fondée. Il n'est pas question ici de difficultés de mécanisme, mais bien d'*obstacles esthétiques* qui excitent ou paralysent le sentiment. Or, de ce que l'habileté de l'artiste est au-dessus de toutes les difficultés de mécanisme, il ne résulte nullement que son âme doive rester insensible à toutes les perturbations *tonales*, *modales*, *métriques* ou *rhythmiques* que contient le morceau exécuté. L'orgue de Barbarie aussi est insensible à ces perturbations et c'est là précisément la cause de son mouvement uniforme, de son jeu sans expression, sans chaleur, sans poésie.

Ici donc, les extrémités se touchent : ceux qui ne sentent rien coudoient ceux qui, par transcendance, par pur rigorisme esthétique, par froideur archaïque, finissent par sacrifier l'expression à la perfection du mécanisme, aux effets *dynamiques* admirablement observés[1].

Quant à nous, nous pensons qu'ici, comme en tout, il faut savoir concilier l'intérêt général avec le droit particulier et garder un juste milieu; il faut du discernement, du goût. Si dans les morceaux vifs, dans les *presto*, *allegro*, *galops*, *valses*, etc., il nous semble bon de conserver le *mouvement général* et de ne le sacrifier qu'après épuisement de force et d'élan ou quand il y a *changement* évident de *contexture*, il ne nous paraît pas moins nécessaire de le modifier dans les morceaux expressifs d'un mouvement lent : *nocturnes*,

1. *Dynamique*, du mot grec *dunamis*, force, puissance. En musique on appelle dynamiques les différents éléments des nuances : les *forte*, les *piano*, les *crescendo* et les *decrescendo*.

rondo, rêverie, andante, adagio, caprices, romances, etc. Dans ces sortes de morceaux, nous conseillons d'accélérer ou de ralentir, de suivre les élans et les agitations de l'âme partout où la contexture pathétique des phrases, leur marche ascendante ou descendante les provoque. Jouer ces sortes de morceaux, riches en évolutions harmoniques, rhythmiques, pathétiques, dans un mouvement uniforme, c'est en passer sous le rabot toutes les ciselures, tous les reliefs, c'est les dépoétiser. Exécuter les morceaux vifs, les *allegro, presto, galops,* etc., avec des altérations continuelles du mouvement, c'est leur ôter tout entrain, tout élan. D'ailleurs, nous allons *signaler* les passages et contextures sur lesquels les artistes les plus célèbres de notre époque ralentissent ou accélèrent. C'est au lecteur à décider s'il veut suivre leur trace ou systématiquement repousser tout mouvement passionnel.

Avant de donner les principes et les règles que notre propre expérience nous a révélés, nous allons mettre sous les yeux du lecteur les *seules indications pratiques* que nous ayons pu trouver sur le mouvement passionnel. C'est dans la *Méthode de piano* de Czerny que nous les avons rencontrées[1]. Du reste, dans aucune méthode, dans aucun livre d'enseignement, nous n'avons trouvé vestige d'une observation pratique non-seulement sur les mouvements passionnels et les nuances, mais encore sur les *accents métriques, rhythmiques* et *pathétiques.* En dehors des quelques lignes qui vont suivre, le présent volume ne contient donc que des directions entièrement originales.

Voici les règles que donne Czerny, page 21, 3e partie :

« Le *ritardando* ou *rallentando* est employé : 1° dans un retour au motif principal; 2° quand on sépare une phrase de la mélodie; 3° sur les notes longues bien accentuées; 4° dans la transition à une autre mesure; 5° après une pause; 6° sur le *diminuendo* d'un passage gai et rapide; 7° sur les embellissements impossibles à exécuter à *tempo giusto;* 8° sur les *crescendo* bien attaqués qui servent d'introduction ou de terminaison à un passage important; 9° dans les passages où l'auteur ou l'exécutant se livre à son caprice; 10° quand le compositeur marque *expressivo;* 11° à la fin des traits qui terminent un trille ou une cadence.

« Au lieu de *ritardando* on écrit aussi *calando, smorzando,* etc.

« L'*accelerando* est employé dans une *marche ascendante* et annonce de la passion et de l'agitation. »

Tel est le bilan des règles sur le mouvement passionnel qui devaient guider l'exécutant à travers les difficultés que présente, sous ce rapport, une composition musicale.

Nous allons maintenant compléter et rectifier les règles de Czerny.

Résumons ce que nous avons dit pages 7 et 93 : Toutes les fois que l'accent pathétique se présente sur une ou sur plusieurs notes consécutives, l'âme du musicien, excitée par les obstacles à vaincre, s'*anime*, se *passionne* ou se *paralyse.* Le *mouvement général* subit une *modification :* on accélère ou on ralentit. Le *mouvement passionnel* se produit donc au détriment du *mouvement général* dont il brise la régularité au profit de l'animation et de l'expression. *Accent pathétique, mouvement passionnel* et, par suite, *nuances* sont donc inséparables. C'est évident. On ne peut lutter, dépenser une plus grande somme d'énergie, sans qu'il en résulte une certaine animation dans le mouvement, animation bientôt

1. *Grande Méthode de piano,* par Czerny. Paris, chez Richault.

suivie d'épuisement, de ralentissement, d'où mille *nuances* ou oppositions de force dans la sonorité.

D'autre part, monter c'est lutter; au physique comme au moral, c'est s'élever à un degré supérieur, contre toutes les tendances de notre être. Plus la pente est raide, hérissée d'obstacles, d'aspérités, plus il faut déployer de force; plus on déploie de force, plus le pouls bat rapidement, plus l'animation devient grande, mais aussi plus vite on est épuisé. Toutefois, le sommet atteint, on éprouve un certain bien-être, on respire à l'aise : la victoire rend heureux! Cette comparaison nous fournit une explication simple et rationnelle de la tendance qu'éprouvent les musiciens à *accélérer* au commencement d'une phrase à contexture ascendante et à *ralentir* vers la fin. Elle nous explique en même temps le *stantare*, c'est-à-dire la disposition à s'arrêter, à traîner sur les notes aiguës.

Descendre, au contraire, c'est atteindre un degré inférieur; au physique comme au moral, c'est suivre ses tendances naturelles et l'entraînement est en raison de la longueur et de l'*uniformité* de la pente.

De là chez le musicien la disposition à presser et la nécessité de *ralentir* sur les passages à contexture uniforme *descendante*. Si, dans cette sorte de passage, l'exécutant, sollicité à presser, ne retient pas le mouvement, il court risque d'être précipité avec une rapidité vertigineuse.

Cependant, si une suite de groupes uniformes et *similaires*, à marche *descendante*, se présentait *à la fin* d'un morceau, il n'y aurait pas d'inconvénient à se laisser entraîner, car, dans ce cas, l'élan se perdrait pour ainsi dire dans le vide sans nuire ni à la carrure des rhythmes, ni à la régularité de l'ensemble. (Voyez pages 121 et 123.)

Le mouvement, l'allure d'une exécution, est donc semblable à la marche d'un voyageur. De même que celui-ci règle son pas suivant les accidents du terrain qu'il parcourt, l'exécutant doit modifier son mouvement suivant la contexture de la composition. Mais quelle que soit l'égalité de la surface que le voyageur parcourt, si la course est longue, la fatigue naît et paralyse sa marche; son allure ne se ranime qu'avec l'apparition du but désiré, qui excite toutes ses forces, toutes ses énergies.

De ces analogies physiologiques découlent les principes suivants :

On accélère :

1° Sur plusieurs notes pathétiques consécutives ou sur une seule ayant exceptionnellement une *grande valeur* au commencement et au milieu d'un rhythme;

2° Sur plusieurs notes ou groupes *similaires* de notes suivant exceptionnellement une progression ascendante ou descendante;

3° Sur les passages exceptionnels offrant, au milieu d'un andante, d'un adagio, une contexture très-simple provoquant l'agitation, la passion.

On ralentit :

1° Sur une ou plusieurs notes pathétiques consécutives se présentant subitement au commencement d'un rhythme sans qu'on ait le temps ni la latitude de prendre élan;

2° Par suite de fatigue, d'épuisement des forces et de l'élan dépensés dans une marche ascendante ou descendante;

3° Sur les passages exceptionnels offrant, au milieu d'un allegro, une contexture expressive ou compliquée provoquant le calme, la gravité, la tristesse;

4° Sur les notes et passages pathétiques, les répétitions *temporales*, les notes voisines aiguës qui se trouvent à la fin d'une phrase.

Avant d'entreprendre l'application détaillée de ces principes, faisons une remarque d'une importance capitale. Le *ralentissement* ou l'*accélération* que les notes pathétiques sont susceptibles de produire dépendent :

1° De leur position. Ainsi une note répétée exceptionnellement plusieurs fois de suite exige au commencement d'un rhythme un *accelerando*, à la fin un *rallentando* [1].

2° De la *contexture générale* du morceau. Nous avons dit qu'on accélère ou qu'on ralentit sur les passages ayant *exceptionnellement* une marche ascendante ou descendante; mais si la *contexture générale* du morceau est ascendante ou descendante, on ne ralentit, ni accélère. Exemple :

AUBER. *Un Jour de bonheur.*

Néanmoins, si dans un morceau à contexture ascendante, le premier rhythme, à la *reprise*, reçoit un accompagnement plus mouvementé que la première fois, on accélère. Exemple :

3° Du nombre de parties ou d'instruments qui exécutent une composition : le *soliste* peut se permettre des modifications au mouvement général que l'orchestre n'admet pas. Dans l'orchestre, chaque exécutant doit s'effacer devant le résultat général et sacrifier tout mouvement passionnel qui pourrait résulter de la contexture spéciale de sa partie.

4° Du sens des paroles dans la musique de chant. Les couplets qui expriment la tristesse, la mélancolie, etc., se chantent plus lentement que ceux qui expriment la joie, le bonheur, le triomphe, etc.

---

1. La note voisine aiguë exige un ralentissement aussi bien au commencement qu'à la fin d'un rhythme.

§ 1er. De l'Accelerando.

Accélérations résultant de plusieurs notes pathétiques consécutives ou d'une seule ayant exceptionnellement une grande valeur.

On accélère :

1° Sur une *grande valeur* exceptionnelle. Exemples :

MOZART.

BEETHOVEN. *L'Absence.*

2° Sur une note *répétée* exceptionnellement plusieurs fois de suite au commencement ou au milieu d'un rhythme. Exemple :

DONIZETTI. *La Favorite.*

(Voyez les 2 derniers exemples, page 95.)

La grande valeur exceptionnelle et la note répétée excitent l'animation surtout quand elles se présentent en *syncope* ou quand elles sont accompagnées par une basse faisant un mouvement ascendant ou descendant. Exemples :

V. MASSÉ. *Noces de Jeannette.*

MOZART. *Fantasia.*

3° Sur un groupe de notes exceptionnellement répétées, si la basse fait un mouvement ascendant ou descendant. Exemples :

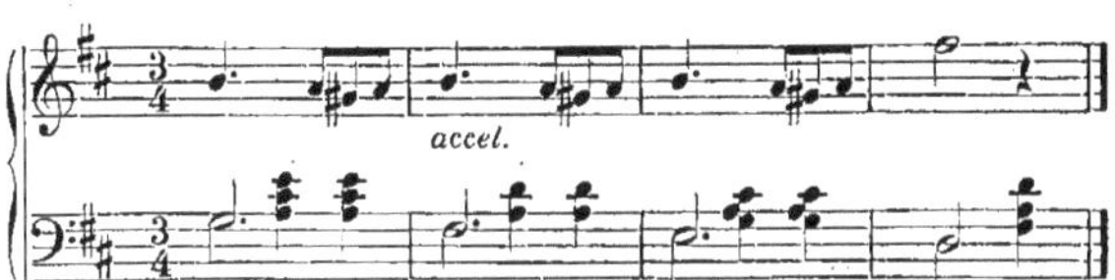

BELLINI. *Norma.*

(Voyez les 3 premières mesures de : *Un Rayon de tes yeux*, par Stigelli ; *Une Douce Pensée*, par Ravina ; l'Introduction du 2e *Nocturne*, par Leybach.)

On *n'accélère pas* sur ces sortes de passages quand la basse reste *stationnaire*, c'est-à-dire ne monte pas et ne descend pas. Exemple :

WEBER. *Obéron.*

(Voyez Chopin, Op. 6, nos 4 et 5, et l'ouverture de *Haydée*.)

4° Sur la note *voisine aiguë* répétée plusieurs fois de suite au commencement d'un rhythme. Exemples :

WEBER. *Obéron.* BELLINI. *Norma.*

5° Sur les *modulations* qui se déterminent au commencement ou à la fin d'un rhythme. (Voyez l'exemple de Field, page 104.)

BEETHOVEN.

L'avant-dernière mesure de cet exemple, par sa complexité, est très-pathétique et exige une ampleur très-grande, car il y a : 1) modulation (à la dominante); 2) petites valeurs; 3) dans le chant, mouvement ascendant; 4) seconde partie accompagnant la première par mouvement descendant; 5) mouvement contraire entre le chant et l'accompagnement.

6° Sur les *traits* descendants composés de petites valeurs, à la fin d'un rhythme, si la note qui succède à ces traits a une grande valeur ou si elle est suivie d'une note aiguë. Exemples :

WEBER. *Obéron.*

CHOPIN. Op. 7, 2e.

(Voyez mesures 3 et 4 de l'exemple de Chopin, page 47.)

7° Sur les *guidons* ou *conduits mélodiques* à contexture uniforme, simple, composés de petites valeurs. Exemples :

MOZART. *Fantaisie.*

AUBER. *Fra Diavolo.*

(Voyez Mozart, *Sonate en la,* 5e Variation, mesures 8 et 19.)

Accélérations résultant de notes et groupes similaires ayant exceptionnellement une progression ascendante ou descendante.

On accélère :

1° Sur les notes qui marchent exceptionnellement par degré conjoint en mouvement ascendant. Exemples :

(Voyez page 96, 3e mesure de l'exemple de Meyerbeer.)

2° Sur les notes qui, exceptionnellement, au commencement d'un rhythme, font marche ascendante ou descendante, ayant pour *pivot* une note immobile[1]. Exemples :

Invitation à la valse.

(Voyez Beethoven, Op. 27, no 2, *presto agitato,* mesure 21 ; Clémenti, Op. 36, no 2, *allegretto,* mesures 12 et 13.)

3° Quand, au commencement d'un rhythme, le chant et la basse marchent exceptionnellement en mouvement contraire, soit en convergeant, soit en divergeant. Exemples :

(Voyez Allegro de la *Sonate pathétique,* mesures 5 et suivantes, mesures 83 et suivantes.)

---

1. Cette accélération a même lieu dans les danses. Voyez la valse de *Faust* et le 1er exemple, page 90. À la fin d'un guidon, au contraire, on ralentit sur ces sortes de passages. Voyez page 135.

4° Sur un petit dessin rhythmique (groupes similaires) exceptionnellement répété par mouvement ascendant ou descendant. Exemples :

GOLDBERG. *Printemps bien-aimé.*

CHOPIN. Op. 6.

(Voyez Chopin, Op. 7; Beethoven, Presto agitato de la *Sonate en ut ♯ min.*)

5° A la fin de morceaux à mouvement vif, sur un petit groupe de notes répété plusieurs fois de suite quoique la basse reste *stationnaire*. Exemples :

BEETHOVEN. *Sonate en ut ♯ mineur.* MOZART. Menuet de la *Sonate en la.*

(Voyez Mozart, Allegro de la *Sonate en fa.*)

6° Sur les *traits* et les groupes similaires, ascendants ou descendants, à la fin de périodes à mouvement vif. Exemple :

MOZART. *Sonate en fa.*

(Voyez la dernière mesure de la *Sonate pathétique* et de la *Sonate en ut ♯ min.* de Beethoven.)

Accélérations résultant de passages offrant exceptionnellement une contexture qui provoque l'agitation, la passion.

On accélère :

1° Sur les passages offrant de petites valeurs et sur les groupes similaires uniformes jouant le rôle de *scherzo* ou badinage au milieu de phrases expressives ou composées de grandes valeurs. Exemples :

BEETHOVEN. *Sonate pathétique.*

MOZART. *Sonate en fa.*

(Voyez Chopin, Op. 64, nº 2, mesure 31; l'*Adieu* de Dusseck.)

2º Sur les phrases qui sont exceptionnellement accompagnées par des *accords plaqués*, venant après une phrase dans laquelle les accords sont arpégés ou dans laquelle les parties de l'harmonie suivent une marche régulière. Exemple :

FIELD. 5ᵉ *Nocturne.*

(Voyez l'Adagio de la *Sonate pathétique*, mesure 17.)

3º Sur les phrases et passages syncopés, entrecoupés par des silences. Exemples :

MOZART. *Fantaisie en ré mineur.*

MOZART. *Sonate en fa.*

(Voyez Op. 14 de Mendelssohn.)

4º Sur les phrases et passages exceptionnels à contexture syncopée. Exemple :

BEETHOVEN. Op. 26.

5º Sur les phrases exceptionnellement accompagnées par un arpége ascendant et descendant. Exemple :

MENDELSSOHN. *Rondo*, Op. 14.

(Voyez la *Truite* de Steph. Heller.)

Nous voilà seulement à la fin de la première partie de ce chapitre. Là où Czerny ne donnait qu'une règle : « l'*accelerando* est employé dans une marche *ascendante* et annonce de la passion, de l'agitation », nous en avons trouvé dix-huit, dont quelques-unes sont en flagrante contradiction avec la sienne. Preuve évidente, ce nous semble, que les plus grands maîtres ont à peine effleuré la question.

---

§ 2. Du Rallentando ou Ritardando.

Ralentissements résultant, dans les morceaux à mouvement lent *et* modéré, *d'une ou de plusieurs notes pathétiques consécutives au commencement d'un rhythme.*

On ralentit :

1° Sur le silence qui suit la première note d'un rhythme en *staccato,* si elle est note aiguë (la plus haute du dessin rhythmique) suivie de la seconde inférieure, ayant une égale valeur[1].

Delioux. *Carnaval espagnol.*

(Voyez les trois premiers exemples, page 100.)

2° Sur la note initiale d'un rhythme en *legato,* si elle est exceptionnellement *note aiguë,* les rhythmes précédents ayant commencé par des notes graves.

Bien entendu, dans les morceaux à mouvement vif, on doit s'abstenir, d'une manière absolue, de rester sur l'initiale aiguë. Par exemple, dans l'*Invitation à la valse,* il serait absurde de rester sur le *fa* commençant la troisième mesure de l'Allegro, sous prétexte qu'il est exceptionnellement la note la plus haute du rhythme. Nous avons cependant entendu commettre cette faute par certains professeurs des plus célèbres. Exemple :

---

1. Voyez la description des procédés à employer pour obtenir cet effet dans toute sa force, page 101, *Accent pathétique.* Cet effet peut être employé dans les *Nocturnes, Caprices, Rêveries, Romances,* etc., sur la note *aiguë* commençant le deuxième rhythme, si celui-ci n'est que la reprise du premier, c'est-à-dire quand les notes et le dessin de la première mesure reviennent une seconde fois, comme dans les exemples de Schulhoff, page 100. Ce ralentissement doit être appliqué avec une excessive sobriété ; si nous l'indiquons, c'est que nous l'avons entendu pratiquer par des artistes considérés comme des modèles éminents. En réalité, il ne résulte pas de perturbation dans la mesure, car la trop grande durée qu'on donne au silence se trouve compensée par la vitesse plus grande qu'on imprime aux notes suivantes, de sorte que la durée totale affectée à la mesure n'est ni augmentée ni diminuée.

MOZART.

(Voyez les premiers exemples, page 84, et le dernier, page 98.)

3° Sur le *silence* qui suit la première note d'un rhythme, si elle est *note aiguē* répétée, arrivant par grand intervalle ou saut ascendant et suivie d'une note inférieure.

C'est le seul cas, à notre connaissance, où dans la musique instrumentale on puisse légitimement enchaîner la dernière note (*grave*) d'un rhythme à la première (*note aiguē*) du rhythme suivant sans les séparer par un silence. (Voyez les deux derniers exemples, page 83.)

4° Sur le *silence* qui suit la plus haute note d'une marche ascendante suivie d'une note inférieure.

CHOPIN. Op. 7, 4°.

(Voyez page 100, le dernier exemple, et page 101, le premier.)

5° Sur la *note voisine aiguē* qui se trouve au commencement d'un rhythme dans un groupe de notes d'élan [1].

CHOPIN. Op. 7, 3°.

(Voyez page 101, l'exemple de Donizetti.)

6° Sur les premières notes d'un rhythme, s'il s'y détermine une modulation éloignée, un changement de *mode*, de *genre*, etc.

1. On appelle notes d'*élan* celles qui se trouvent dans la dernière mesure d'un rhythme et qui appartiennent cependant au rhythme suivant. (Voyez page 50.)

AUBER. *Un Jour de bonheur.*

MOZART. *Fantaisie en ré mineur.*

Ralentissements résultant d'une ou de plusieurs notes pathétiques au milieu d'un rhythme.

On ralentit :

1° Sur une note exceptionnellement *haute, aiguë,* faisant *pendant* à une note grave.

2° Sur la note qui exceptionnellement en remplace une plus haute ou une plus grave, changeant ainsi la direction du dessin rhythmique précédent. (Voyez les trois premiers exemples, p. 98.)

MOZART. *Sonate en la,* 5ᵉ Variation.

La deuxième note de la première mesure, le *mi,* arrivant par un saut ascendant, change l'économie du dessin; le *fa* aigu du groupe suivant est note voisine aiguë et remplace une note grave; la première note de la dernière mesure est *répétition temporale.* Écrit comme suit, le passage n'exigerait pas de ralentissement à la troisième mesure :

CHOPIN. Op. 64, 2ᵉ.

Ici, la dernière note des 5e et 6e mesures fait un mouvement ascendant; les 6e et 7e commencent par une *répétition temporale*, et la 7e, en outre, renferme à la fin une note voisine aiguë. Tous ces faits exceptionnels rendent cette phrase expressive et exigent un ralentissement. (Voyez le dernier exemple, page 39, qui est tout à fait remarquable; car à la quatrième mesure, il offre *si, si, la* au lieu de *la, si, la;* à la sixième, *ré, do, ré* au lieu de *ré, mi, ré;* enfin, à la 7e mesure, il présente *mi, ré* au lieu de *ré, do, mi;* aussi à partir de la 4e mesure, le mouvement en est-il complétement modifié.)

Ralentissements résultant, à la fin d'une marche ascendante ou descendante, de la fatigue, de l'épuisement des forces et de l'élan dépensés.

On ralentit :

1° A la fin d'une marche ascendante ou descendante, surtout si le dessin vient à changer. (Voyez l'exemple précédent de Chopin.)

A la fin de ces exemples, on ne ralentit pas seulement à cause de l'épuisement, mais encore parce que le dessin du 3e temps des dernières mesures a changé de direction.

2° Sur une suite de notes hautes marchant par mouvement ascendant, si elles sont *suivies d'une note grave* arrivant par un grand saut. (Voyez Mozart, *Sonate en la,* 5e variation, mesures 5 et 6.)

Ce ralentissement est surtout nécessaire, si chacune des notes aiguës est précédée d'un silence ou si la plus haute est répétée exceptionnellement. (Voyez Mozart, *Sonate en la*, 5e variation, mesure 7.)

MOZART.

3° Sur les *groupes descendants* succédant immédiatement à des groupes *ascendants*.

(Voyez l'exemple de Goldberg, page 123.)

4° Sur un groupe de notes *graves* succédant à des notes hautes.

MEYERBEER. *Robert.*

(Voyez la dernière mesure du 3e exemple, page 109.)

Ralentissements résultant d'une contexture exceptionnelle.

Nous avons vu (page 123) que certaines *contextures* provoquent l'animation, l'agitation. Il en est d'autres, au contraire, qui invitent au calme, à la tristesse, à la rêverie.

On ralentit :

1° Sur les passages expressifs, chantants, offrant de grandes valeurs, une harmonie plus riche, s'ils se présentent exceptionnellement dans un Allegro à *contexture* uniforme, composé de petites valeurs. (Voyez, page 111, le 2e exemple de Beethoven et mesure 43 du Rondo de la *Sonate pathétique.*)

MOZART. *Sonate en fa.*

2° Sur les passages expressifs, provoquant la rêverie et intercalés au milieu d'un morceau vif.

Les notes voisines graves et aiguës, les notes chromatiques, les *triolets*, les répétitions temporales qui se trouvent dans cette phrase lui impriment un caractère expressif, pathétique, qui exige un ralentissement.

3° Sur les passages qui se présentent en *mode mineur* après avoir été en mode majeur.

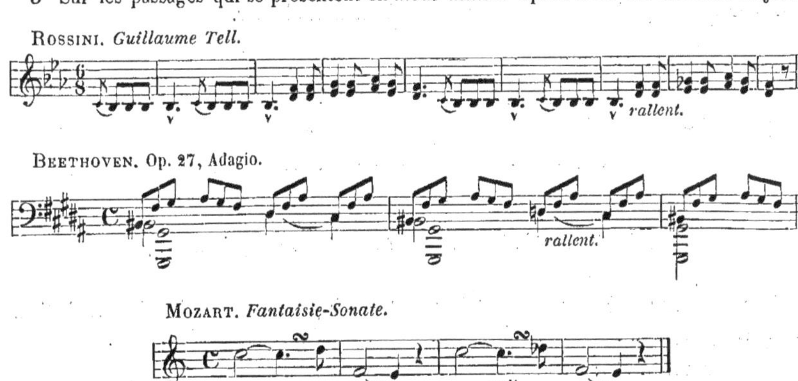

Le ralentissement le plus fréquent a lieu à la fin des phrases douces et expressives. Il n'est pas jusqu'aux exécutants d'une organisation musicale médiocre, qui ne l'emploient instinctivement. L'explication de ce fait est facile : la note finale est pour ainsi dire le pivot, la clef de voûte de toute la phrase musicale. Toutes les attractions viennent s'y concentrer, toutes les aspirations viennent s'y éteindre. Tant que l'oreille conserve un désir, tant qu'elle

1. Voyez aussi page 7 du même morceau.

appelle une suite de sons, il n'y a pas de fin complète. Une phrase musicale n'est définitivement terminée que si sa dernière note satisfait pleinement tous les désirs de l'oreille.

Deux faits en dehors des conditions énumérées dans la note, page 51, contribuent à donner à la *tonique finale* la propriété terminative au suprême degré. Ces deux faits sont : le mouvement lent et les retards ou appoggiatures.

Le mouvement lent, en augmentant la durée des notes finales, en élargissant la distance qui sépare chacune de ses voisines, diminue par là leur puissance appellative, leur élan. Chacune perd progressivement de son pouvoir attractif, au point que la dernière en est complétement dépourvue; les désirs de l'oreille sont paralysés. En accélérant, au contraire, on amoindrit la valeur des notes et on les rapproche. Ce rapprochement a pour résultat une augmentation de leur puissance attractive et une excitation plus grande des désirs de l'oreille[1].

Les retards, en mettant obstacle à l'arrivée de la note que l'oreille désire et appelle, acquièrent de l'importance au détriment de la note finale, par la force et la durée exceptionnelle qu'on leur donne. (Voyez page 88.) L'oreille désirant entendre une telle note, toute autre la contrarie et n'est acceptée par elle que si elle lui est, pour ainsi dire, *imposée* à force de sonorité, ce qui amène épuisement et ralentissement au détriment de l'élan final.

Ralentissements résultant d'une ou de plusieurs notes pathétiques, à la fin d'un rhythme ou d'une phrase.

On ralentit :

1° Sur la grande valeur exceptionnelle qui précède la note finale, surtout si elle porte un *trille.*

1. Pour que la dernière note des phrases terminées dans un mouvement vif soit complétement *terminative,* il faut répéter le dernier accord jusqu'à ce que l'élan final et les exigences de l'oreille, accrus par le mouvement, soient apaisés, éteints. Si la tonique finale se présente trop tôt, ou si elle est brusquement enlevée, la fin écourtée laisse un vide qui choque. Chaque musicien le comble en y ajoutant mentalement une *coda* (voyez la fin de la *Sonate pathétique*). Chantez en accélérant la fin suivante :

Bon gré, mal gré, l'oreille y ajoute une *coda,* ne fût-ce que l'octave supérieure, comme suit :

Ralentissez sur cette fin, et vous obtiendrez sans coda un repos complet, parfait :

2° Sur une note répétée exceptionnellement plusieurs fois de suite.

BEETHOVEN. *Sérénade.*

3° Sur la note *aiguë* à la fin de l'avant-dernière mesure, surtout si elle est *syncopée*, *prolongée* ou *chromatique.*

LINDPAINTNER.

DONIZETTI. *Lucie.*

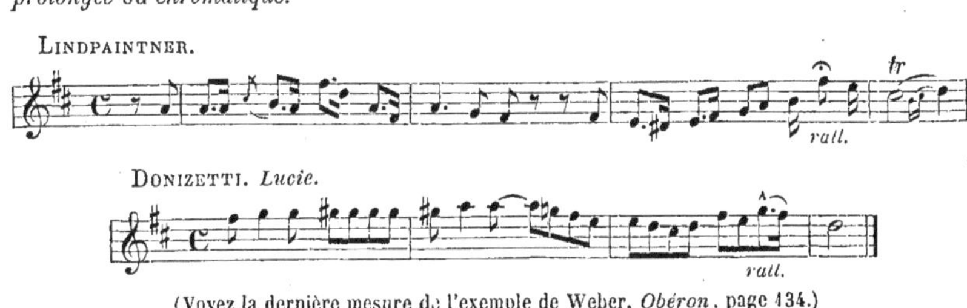

(Voyez la dernière mesure de l'exemple de Weber, *Obéron*, page 134.)

4° Sur la voisine aiguë à la fin de l'avant-dernière mesure.

AUBER. *Muette.* MERCADANTE.

CHOPIN. Op. 55, 1er.

(Voyez Chopin, *Polonaise*, Op. 3, 8e mesure.)

5° Sur les répétitions temporales à la fin de l'avant-dernière mesure.

MOZART. *Fantaisie.*

CHOPIN. Op. 64, 2e.

6° Sur l'avant-dernière note, si la dernière est *répétition temporale*, c'est-à-dire précédée d'une *anticipation*.

(Voyez la dernière mesure du 3e exemple, page 109, et la dernière mesure de la marche de *Judas Machabée*, de Hændel.)

7° Sur les répétitions d'un court dessin à l'avant-dernière mesure, surtout s'il renferme des notes voisines aiguës.

8° Sur les noires exceptionnelles à l'avant-dernière mesure. (Voyez l'avant-dernier exemple, page 96.)

9° Sur les petites valeurs exceptionnelles ou groupes contenant des répétitions temporales, des notes voisines aiguës, etc., se présentant à la fin d'une phrase. Toutefois, quand ce sont de simples notes de broderies, remplaçant une grande valeur pénultième, on ne ralentit pas. (Voyez page 97.)

Les deux croches à la fin du dernier exemple prennent force et ralentissement pour les raisons suivantes : 1° elles forment un dessin exceptionnel de petites valeurs ; 2° elles se trouvent sur le dernier temps de la pénultième mesure du rhythme ; 3° elles font partie du quatrième accord de *ré* ♭ (*sol* ♭, *si* ♭, *mi* ♭), premier renversement de l'accord de sous-médiante ; 4° la première de ces notes, le *si* ♭, est note aiguë ; 5° elles sont accompagnées exceptionnellement à la dixième ; 6° elles arrivent par grand intervalle ascendant. Tous ces éléments exceptionnels donnent une grande importance, une ampleur singulière à cette fin et exigent qu'on les mette en relief. Dans aucune édition, nous n'avons trouvé un *rall.* sous ces notes, tandis que les meilleurs artistes que nous ayons entendus s'appesantissaient sur cette fin. Il en est de même de la fin du Scherzo, Op. 27, qui, outre les petites valeurs, renferme une anticipation.

10° Sur les dernières notes d'un rhythme marchant par degrés conjoints, descendant et succédant à une note aiguë. (Voyez page 100.)

MOZART. *Don Juan.*

11° Sur les notes descendantes à la fin de l'avant-dernière mesure.

ROSSINI.

12° Sur les dernières notes d'un rhythme suspensif.

SCHUBERT. *Adieu.* MEYERBEER. *Robert.*

13° Sur la fin de phrase offrant exceptionnellement plusieurs parties, une harmonie plus compliquée, des résolutions de dissonances, des retards, des contre-points.

WEBER. *Obéron.*

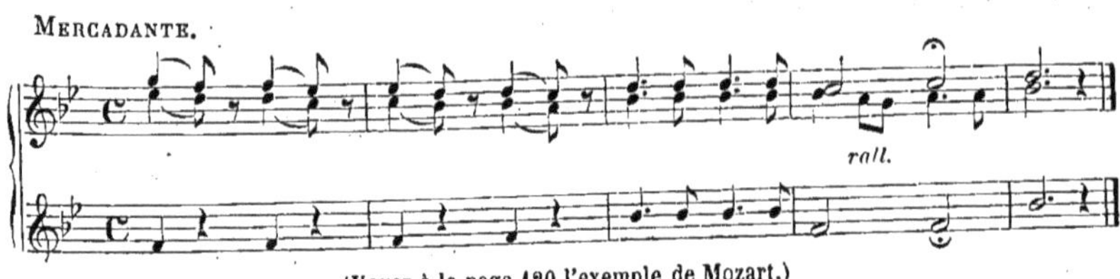

(Voyez à la page 120 l'exemple de Mozart.)

14° Sur les dernières notes d'un *guidon* ou conduit mélodique, contenant une note voisine aiguë, des répétitions, des notes pivotales.

15° Sur les *points d'orgue,* les syncopes et les grandes valeurs qui se trouvent à la fin d'un trait d'embellissement, dans une *cadenza ad libitum*[1]. (Voyez la dixième mesure de la *Sonate pathétique.*)

16° Sur les répétitions rhythmiques, c'est-à-dire sur les dessins et groupes de notes répétées plusieurs fois consécutivement, à la fin d'une phrase expressive.

(Voyez dans Beethoven les dernières mesures de l'Adagio de la *Sonate en ut ♯ mineur,* et les dernières mesures de la cinquième variation de la *Sonate*, Op. 26.)

---

1. Pour l'exécution des *traits*, des *trilles*, des *cadenza* et des *groupes de notes d'ornement*, consultez : *L'Art du chant*, par Duprez ; — *Méthode de chant appliquée au piano*, par F. Godefroid. Paris, chez Heugel.

17° Sur les notes finales présentant des accords entrecoupés de silences.

Nous nous sommes étendu longuement dans ce paragraphe, non certes pour le plaisir de poser des règles, mais uniquement pour habituer l'exécutant à une analyse minutieuse, et pour attirer son attention sur la multiplicité d'aspects sous lesquels les phénomènes du mouvement passionnel se présentent.

Nous nous abstenons de citer des exemples fautifs, quoiqu'ils soient très-fréquents. Une foule de musiciens, sous prétexte de liberté, ralentissent là où des faits excitateurs devraient les animer et accélèrent là où des obstacles subits devraient paralyser leur élan.

Que le lecteur s'approprie bien nos principes, qu'il applique avec soin nos règles à chaque composition, à chaque phrase, et bientôt les contradictions entre les *indications* qu'il rencontre et celles qu'il devrait trouver lui sauteront aux yeux. Qu'il soumette à un examen sérieux quelques morceaux, et il acquerra la certitude que notre affirmation n'a rien d'exagéré.

---

§ 3. Exercices pratiques.

Nous venons de signaler les principaux endroits où nous avons observé des *ralentissements* et des *accélérations,* soit dans les éditions données par les plus grands professeurs, soit dans l'exécution des plus grands virtuoses. Nous le répétons, nous *signalons* seulement.

Si le lecteur est partisan de l'emploi sobre du *mouvement passionnel,* il devra s'enquérir du caractère du morceau et de son *mouvement général,* afin de voir si les *mouvements passionnels* peuvent y être employés sans dénaturer le caractère général de la composition[1]. Dans les morceaux expressifs, les mouvements passionnels doivent être employés sur les

1. Voyez le *Mouvement général,* page 155.

crescendo et les *diminuendo,* sur les notes et passages pathétiques, sur les modulations, les marches ascendantes et descendantes, quand même ils ne seraient pas indiqués.

Il faut corriger les *indications* fautives, les contradictions et les non-sens. Pour cela, il est nécessaire de bien connaître le sens des termes indiquant les modifications du mouvement général. Les plus usités sont : *rallentando, ritenuto, accelerando, diminuendo, agitato, con passione, passionato, con fuoco, precipitato, animato, strepitoso, più lento, calando, con moto, allargando, perdendosi, estinto, martiale, calmato, meno mosso, più mosso, impetuoso, a tempo, tempo rubato, 1° tempo, istesso tempo, stretto, slargando, stringendo, rapido.*

Quand il y a *accelerando* ou *rallentando, crescendo* ou *diminuendo,* sous un passage un peu long, il ne faut pas accélérer ou ralentir, forcer ou affaiblir trop subitement; on tomberait dans l'exagération. Des transitions bien délicatement graduées dans la force comme dans le mouvement, voilà ce qu'il faut s'efforcer d'obtenir.

CHAPITRE VIII.

DES NUANCES ET DE L'INTENSITÉ DE SON.

L'effet des accents *métriques, rhythmiques* et *pathétiques* est, comme nous venons de le voir, de produire des *oppositions de force* et par suite des *contrastes;* car toute force donnée à une note entraîne nécessairement faiblesse pour ses voisines, comme tout effet de lumière produit ombre. Par suite, ces accents seraient incapables de poétiser le tableau musical, si des *gradations* habilement mesurées ne venaient relier ces contrastes brusques et saccadés, amortir les notes trop fortes, relever, par des transitions douces, les notes trop effacées, en un mot, par des *nuances* délicatement graduées, fondre les contrastes dans une harmonieuse unité.

Il faut, en outre, donner à chaque composition, à chaque phrase, l'*intensité de son,* la *sonorité* qui convient à sa *contexture.*

Les *nuances* embrassent donc, non-seulement les *rhythmes,* depuis leur première jusqu'à leur dernière note, mais encore une composition musicale depuis sa première jusqu'à sa dernière *période.* C'est le ciment, le lien qui unit, rapproche et solidarise ses divers éléments dynamiques[1].

De tous les phénomènes de l'expression, c'est celui qui semble dépendre le plus de l'arbitraire. Il n'en est rien. Les *nuances* sont en si intime rapport avec la *contexture* de la phrase qu'il est impossible de les en séparer: à *chaque phrase* convient *telle intensité de son et non telle autre.* Ici, comme partout, il y a des règles que l'homme de goût observe instinctivement et dont l'artiste ne doit pas se départir.

Il faut reconnaître, d'ailleurs, que de toutes les manifestations de l'*expression* c'est à celle-là qu'on apporte généralement le plus de soin. Les anciens compositeurs ne donnaient que les *indications* se rapportant aux *nuances;* les vieilles éditions n'en contiennent pas d'autres. Aujourd'hui même, les plus grands professeurs passent sous silence les *accents métriques, rhythmiques* et *pathétiques,* et se bornent à apprendre à leurs élèves les procédés de mécanisme et la manière de bien *nuancer,* d'observer délicatement les *crescendo* et les *decrescendo.*

Pour remplir ici notre tâche, nous allons poser quelques principes évidents qui doivent présider à l'emploi des *nuances,* puis nous les ferons servir à l'examen critique de quelques compositions.

---

1. *Dynamique,* du grec *dunamis,* force, puissance. En musique on appelle *dynamiques* les différents éléments des *nuances :* les *forte,* les *piano,* les *crescendo* et les *decrescendo.*

En procédant ainsi, nous aurons le triple avantage de vérifier si les auteurs ont fidèlement observé ces principes; de pouvoir, au besoin, entreprendre les corrections qui nous paraîtraient rationnelles; et, enfin, de nous familiariser par un commencement d'exercice avec la manière de les appliquer.

§ 1. Règles de l'observation des Nuances.

Voici les principes qui doivent diriger l'exécutant aussi bien que l'auteur dans l'emploi des procédés de *nuances* et d'*intensité.*

1° Il faut employer les *crescendo,* c'est-à-dire graduellement dépenser plus de force, plus de sonorité, dans les *passages ascendants.* Nous le répétons : monter c'est aller contre les tendances, les attractions de l'être; c'est lutter, c'est vaincre des obstacles. Qui dit *lutte,* dit déploiement d'énergie ayant pour suite épuisement, fatigue. (Voyez page 117, *Mouvement passionnel.*)

ROSSINI. *Stabat mater.*

2° Il faut employer les *decrescendo,* graduellement dépenser moins de véhémence et de sonorité dans les *passages descendants.* Descendre, c'est s'abandonner aux attractions naturelles, sans effort, passivement.

BEETHOVEN. *Le Délire du cœur.*

CHOPIN. Op. 55.

Toutefois, quand les *passages descendants* renferment des obstacles subits, imprévus, des notes qui déterminent des modulations, des notes pathétiques, il faut de la *force* malgré leur direction *descendante.*

Quoique à la 3e mesure le chant ait une contexture descendante, il faut néanmoins une grande énergie, car il y a là : 1) une note *aiguë;* 2) l'accord de la *sous-dominante* ou 3e accord de *la* ♭; 3) une *modulation* à la *sous-sensible;* 4) une suite de grandes valeurs : trois noires successives; 5) deux notes par degré disjoint au milieu d'un chant marchant par degrés conjoints; 6) doublement des parties aussi bien au chant que dans l'accompagnement; 7) *mouvement contraire* entre le chant et la basse; 8) quatre noires par mesure, à la basse, au lieu de deux blanches.

3° Plus il y a de parties régulières dans un passage, plus la sonorité en doit être grande. Il est évident que, par exemple au piano, six ou huit cordes à mettre en vibration exigent plus de *force* d'attaque que n'en demanderait une seule. Voyez l'exemple du 5e *principe.*

4° Plus les notes ont de valeur, plus il faut de force dans l'attaque, afin que leur sonorité soit soutenue.

5° Moins les notes ont de valeur, moins elles demandent de vigueur.

STEIBELT.

6° Plus la *coupe métrique* est énergique, plus il faut de force. Les passages qui renferment les 3e et 4e coupes avec prolongation ou silence, exigent plus de sonorité que ceux qui renferment les 1re et 2e coupes ou . (Voyez le *Temps,* page 86.)

(Voyez le *Menuet* de la 12e *Symphonie* de Haydn.)

7° Il faut donner à certains accords remplis de grandeur beaucoup de sonorité; ainsi le 2e *renversement* du 3e accord, appelé *sous-dominante*, et les 1er et 2e renversements du 4e accord, appelé *sous-médiante*, exigent force et énergie quand ils se présentent exceptionnellement ou au commencement d'une phrase *secondaire*. (Voyez page 107.)

(Voyez aussi l'Allegro et l'Adagio de la *Sonate en ut ♯ mineur*, Op. 27, de Beethoven.)

8° Il faut donner beaucoup de *sonorité* aux accords dissonants et chromatiques, ainsi qu'aux passages qui se trouvent dans une tonalité trop éloignée de celle que l'on quitte. Ces accords et ces passages doivent pour ainsi dire être *imposés* à l'oreille. (Voyez pages 104, 105 et 106.)

9° Plus un passage est complexe, c'est-à-dire plus il renferme en même temps d'exceptions *métriques, rhythmiques, tonales* et *modales*, plus il doit être *sonore*. Cette sonorité peut aller jusqu'au *grandioso*, si le passage renferme *exceptionnellement* des mouvements contraires, des *marches mélodiques ascendantes* avec le chant en octaves, s'il contient des mesures ayant, par exception, deux ou trois notes réelles par temps au lieu d'une seule, s'il offre des *modulations* éloignées ou *enharmoniques*. Ces sortes de passages peuvent même atteindre au paroxysme de la force, s'ils sont accompagnés par des *arpéges* à double mouvement, ascendant et descendant, par des accords dissonants plaqués, par des *trémolo*, etc.

L'accompagnement de ce passage, en arpéges ascendants et descendants, contient 28 triples croches par mesure et parcourt presque toute l'étendue du clavier. De plus, la note initiale de chaque temps y descend par degré conjoint, tandis que le chant a une direction ascendante. L'effet de ce passage est grandiose, sublime! Du reste, c'est une des plus belles compositions que nous connaissions dans le style de Thalberg. Même après l'œuvre gigantesque de Beethoven, Op. 27, *Sonate en ut ♯ mineur,* cette composition de Lysberg produit un grand effet.

LEYBACH. 5e *Nocturne,* Op. 54.

La modulation de *sol* majeur en *mi* ♭ majeur, à la 3e mesure, le changement de dessin impriment à ce passage une sonorité puissante.

Voyez l'Adagio de la *Sonate pathétique,* mesures 41 et 42; Mendelssohn, *Rondo capricioso,* pages 3 et 8; la *Polonaise* en *la* de Chopin; *Nocturnes* de Schulhoff, Op. 11 et 19; les *Huguenots* et *Moïse* de Thalberg; le *Brindisi* de la *Traviata* d'Ascher; la *Harpe éolienne* par Krüger, etc., etc.

10° Il faut varier, contraster la sonorité. C'est la règle la plus importante. Monotonie est synonyme d'ennui. Une sonorité puissante fatigue l'oreille, il faut l'en reposer par des passages doux. De là, la nécessité d'enfler et de désenfler les notes longues et répétées. (Voyez *Accent pathétique,* page 95.)

Toute phrase secondaire, après une *modulation* ou une fin de phrase énergique, exige de la douceur, surtout si elle commence par l'accord de 7e de *dominante* du ton primitif, ou si elle est composée de petites valeurs formant marche ascendante.

Bien entendu, quand la phrase secondaire renferme de grandes valeurs, elle s'accentue, malgré l'accord de 7e de dominante; de même quand la fin de la phrase précédente était *piano.*

Lorsque, après une suite de notes aiguës, il se présente, par un grand intervalle, un petit groupe de notes graves, on fait *subito pp.*[1]

VERDI.

1. Cet effet est des plus saisissants. Rachel et Ristori ne produisaient jamais autant d'impression que, lorsqu'après avoir employé toute la puissance de leur organe, elles contenaient, dans les murmures d'une voix éteinte, les sourds orages du cœur, les véhémences d'une passion impuissante. (Voyez la dernière mesure, page 116.)

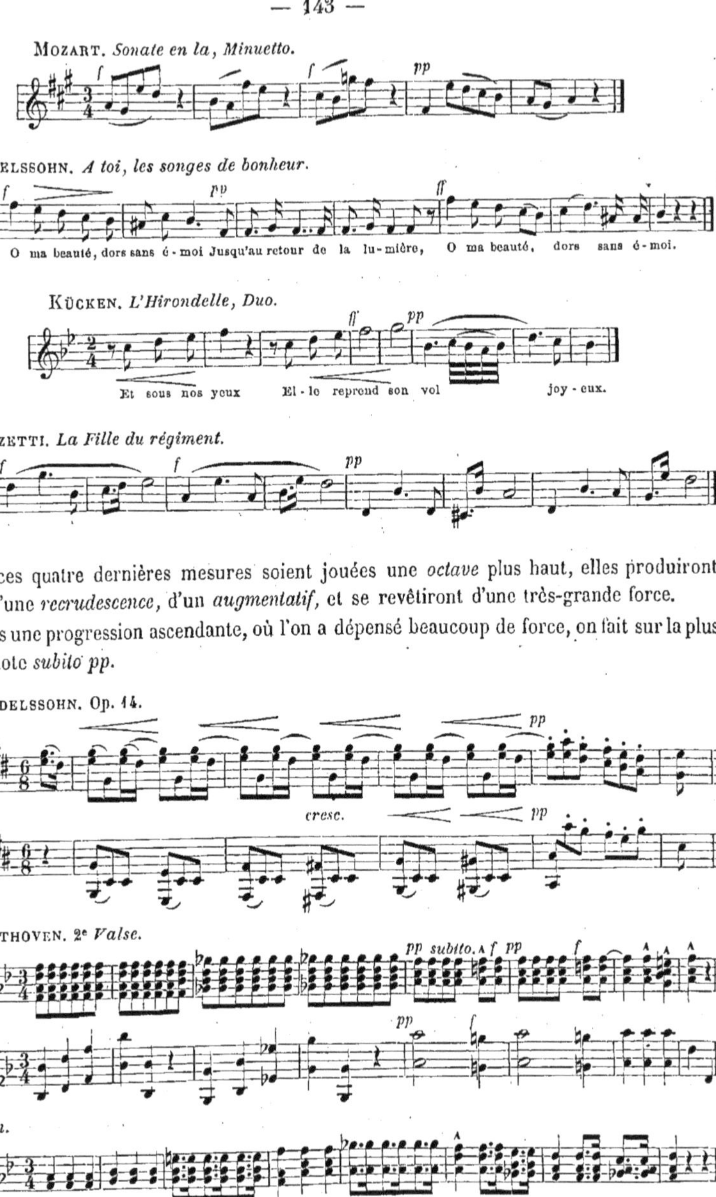

Que ces quatre dernières mesures soient jouées une *octave* plus haut, elles produiront l'effet d'une *recrudescence,* d'un *augmentatif,* et se revêtiront d'une très-grande force.

Après une progression ascendante, où l'on a dépensé beaucoup de force, on fait sur la plus haute note *subito pp.*

Dans ce dernier exemple, on ne fera pas *pp* à la 5e mesure sur la plus haute note. Dans l'avant-dernier, après la note la plus haute, on revient brusquement dans le *ton primitif* de la phrase; dans celui-ci, au contraire, on *module* brusquement de *fa* mineur en *ré* ♭ majeur. Aussi quelle énergie, quelle sonorité il faut déployer pour *imposer* à l'oreille ce changement! Quoique les notes, à partir de la 4e mesure, suivent une marche *descendante*, on déploie, néanmoins, une énergie de plus en plus grande, surtout sur le 4e accord de *ré* ♭: *sol* ♭, *si* ♭, *mi* ♭, à la 6e mesure. Cet exemple montre combien il faut de discernement dans l'application des *nuances*. Souvent devant la première note du thème, lorsqu'il revient après quelques mesures, ou devant la note désirée par l'oreille, on fait *subito silence* au lieu de l'attaquer sans interruption.

Dans l'Adagio de la *Fantaisie-Sonate*, Mozart a marqué des silences analogues. Voyez aussi page 2 du *Rondo* de Mendelssohn, Op. 14, où on peut se servir de ces silences. Cet effet employé avec discernement et sobriété dans les *caprices*, dans les *galops*, *valses*, etc., exécutés en guise de morceaux de salon, ne manque jamais de plaire. Dans les morceaux sévères, il doit être proscrit absolument.

On fait *subito pp* quand, dans une phrase sonore, un court passage module brusquement à la *seconde mineure supérieure*, par exemple de *do* en *ré* ♭, de *la* en *si* ♭.[1]

---

1. C'est l'effet le plus singulier que nous connaissions. Nous ne pouvons expliquer ce *pp subito* que par l'absence d'élan, la surprise qu'éprouve le sentiment.

Beethoven. Adagio de la *Sonate en ut ♯ mineur,* Op. 27.

Modulation de *fa* ♮ en *sol.*

f

pp subito.

con 8va

Vingt-huit mesures plus loin, le même morceau offre une modulation de *do* ♯ en *ré,* où le *pp subito* produit de même un effet excellent.

Auber. *Un Jour de bonheur.*

Dans ce dernier exemple la modulation à la *seconde mineure supérieure* se fait sur une *pédale harmonique,* double raison en faveur du *pp,* quoique la fin du rhythme précédent, arrivant par grand saut descendant, fût *p.* Bien entendu, si les paroles expriment force, énergie, on peut faire *forte* malgré la modulation.

Ainsi, sur le *ré* ♭ de la 5e mesure suivante, Rossini dans sa partition met *f,* tandis que Thalberg emploie un *p.* Cela n'a rien d'étonnant : le sentiment accepte, avec une égale satisfaction, cette évolution imposée par une force excessive ou par la morbidesse la plus délicate. On dirait qu'il est content, pourvu qu'il soit saisi par un contraste brusque.

Rossini. *Guillaume Tell.*

Il en est de même du *la* ♭ à la 2e mesure de l'exemple suivant :

Bellini. *Sonnambula.*

Mais si l'accompagnement est plus mouvementé ou si avec le chant il forme tierce ou sixte, on fait *f.*

Steibelt.

Cette contexture doit sa force surtout à l'accompagnement très-mouvementé. En outre la note initiale de chaque mesure forme sixte avec la note du chant.

On déploie une grande sonorité quand après un passage doux on module brusquement à la *sous-sensible mineure,* par exemple de *do* majeur en *la* ♭ majeur; de *ré* ♭ en *si*♭♭, ou enharmoniquement en *la* naturel, etc.....

Weber. *Obéron.*

(Voyez aussi le *Lac* de Niedermeyer, sur les paroles: « Que le bruit des rameurs », etc.)

On donne peu de *sonorité* aux phrases à contexture simple qui coulent sur une *pédale harmonique.*

Auber. *Premier Jour de bonheur, air des Djins.*

Rossini. *Guillaume Tell.*

Cet effet s'explique par le calme qui résulte de la pédale; l'oreille a un point d'appui et se laisse aller sans effort. Bien entendu, la coupe métrique peut modifier cette règle. Ainsi une phrase composée uniquement par la coupe suivante : ♪. ♬ ♪. ♬, pourrait être forte, malgré la stabilité de l'accompagnement. (Voyez Chopin, Op. 9, 1er, Op. 57, Op. 7, 1er, etc.)

On fait *subito pp* sur les passages formant *écho ascendant.*

Lysberg. *Idylle.*

Les échos descendants se présentant en *unisson* avec la basse, on les fait, au contraire, *subito ff.*

On donne beaucoup de *sonorité* aux passages qui renferment un petit dessin reproduit par un mouvement ascendant, par une espèce de *recrudescence.* (Voyez l'exemple de la *Norma,* page 129.)

Beethoven. 2e *Valse.*

On donne beaucoup de *sonorité* et d'*ampleur* aux passages ayant exceptionnellement de plus longues valeurs et offrant les coupes suivantes : ♩ ♪ ♩ ♪ — ♪. ♬ ♪. ♬.

Mercadante.

Bellini. *Norma.*

Donizetti. *Favorite.* Auber. *Muette.*

La nécessité des *contrastes* est si impérieuse que devant elle tout s'efface. Tout passage qui, par sa contexture, par les éléments énergiques qu'il contient, exigerait de la véhémence, devient *piano,* s'il est immédiatement précédé d'une sonorité très-grande. La force qu'on doit donner à un passage quelconque dépend donc surtout de sa position, de la sonorité de la phrase précédente. Ainsi dans l'Adagio de l'*Impromptu* de Chopin, Op. 29, se trouve une phrase secondaire descendante, et qui, exceptionnellement, commence par l'accord de la sous-médiante; double raison qui semble devoir la rendre *sonore.* Néanmoins, comme ce passage est précédé d'une *fin* très-énergique (2 *triolets* ascendants contenant des notes chromatiques), on obtient plus d'effet en le rendant par un *pp subito.* Exemple :

Chopin. Op. 29, 1er.

Il en est de même de l'exemple suivant :

Beethoven. Op. 13.

A la 5e mesure, quoiqu'on emploie l'accord de 7e de sous-médiante de *mi* ♭, on fera néanmoins *pp* et non *f,* parce que le *fa* arrivant par un grand intervalle descendant, est précédé : 1) d'une *modulation*, de *mi* ♭ majeur en *do* mineur; 2) d'une note pathétique, le *fa* aigu de la 4e mesure; 3) d'une répétition *temporale* qui attire sur le *mi* ♭ de la force, et, par contraste, douceur sur le *fa*.

Voyez les 2 dernières mesures de la *Plainte d'une jeune fille,* par Schubert.

De même, quoique la *modulation* entraîne *force* et *sonorité,* on fait néanmoins *pp* si elle est précédée immédiatement d'un passage énergique.

Même un accord *chromatique* est *pp,* à plus forte raison les 3e et 4e accords s'ils commencent un rhythme précédé d'une fin énergique.

11° Dans la musique vocale, il faut évidemment subordonner la force et la sonorité au sens des paroles.

§ 2. Application des règles concernant les nuances.

Examinons maintenant quelques compositions et voyons si les *indications de nuances* que les auteurs prescrivent, concordent avec celles qui ressortent de nos principes.

Dans le 5e *Nocturne* de Leybach, Op. 54, nous trouvons le passage suivant :

Constatons d'abord que la phrase qui précède cet exemple est en *ré ♭*, quoiqu'il n'y ait que quatre ♭ à la clef, et se termine par une modulation en *la ♭*. Le chant dans l'avant-dernière mesure marche par mouvement *descendant* et est accompagné des mots *piano* et *rallentando*. Du premier coup d'œil nous voyons que cet exemple renferme de nombreux faits pathétiques exigeant *force* et *animation*. La 1re mesure commence par l'accord de sous-dominante de *ré ♭*, ton primitif; elle renferme une *répétition* en *syncope*, le *si ♭*, qui est aussi la plus longue valeur de toute la phrase. La 2e mesure renferme une note voisine aiguë, le *do ♭*, modale mineure de *mi ♭*. Elle est accompagnée par l'accord de 7e de dominante de *mi ♭*. Ces faits suffiraient pour imprimer à ce rhythme force et mouvement. Mais ce qui communique surtout une très-grande animation à ce passage, c'est l'accompagnement qui fait une marche *descendante;* les notes initiales des 3 premières mesures sont : *sol ♭, fa, mi ♭*; tandis que le chant suit une direction *ascendante*.

Ce fragment exige donc une sonorité puissante et renferme les éléments d'un *accel.* et d'un *cresc.*

M. Ravina, dans *Douce Pensée*, Op. 41, page 5, après une phrase excessivement sonore, puissante, marquée par *con fuoco*, donne au passage suivant pour *indication de nuance : ff, marcato, con passione :*

Selon nous, ce passage coulant sur une *pédale harmonique* et venant après une fin énergique, produirait plus d'effet s'il était exécuté *pp;* car l'oreille est fatiguée, étourdie par la sonorité qui précède, et accepte avec satisfaction, ne fût-ce que par contraste, une phrase douce. Du reste, qu'on la joue des deux manières, et on verra la différence.

Dans l'*Adieu* de Dusseck, on trouve fréquemment les *indications* suivantes :

A la 3e mesure, quoique la phrase soit descendante, un *crescendo* nous semble meilleur qu'un *diminuendo;* car là se détermine une *modulation* de *si* ♭ en *fa*, commençant par le 4e accord. En outre, la *basse* joue en *mouvement contraire* avec le chant, et ses accords sont plus pleins que les précédents. Remarquons que la phrase qui suit est indiquée par *dolcissimo.* Et 12 mesures plus loin :

A la dernière mesure de cette phrase un *diminuendo,* suivi d'un *p*, nous paraîtrait préférable; d'autant plus qu'elle est descendante, coulant sur une *pédale,* précédée d'un *crescendo* de plusieurs mesures, qu'il n'y a pas de *modulation* et que la phrase suivante commence par un *forte.*

WEBER. *Euryanthe.* (Édition Flaxland.)

Ce *pp* sur l'avant-dernière mesure est évidemment mauvais; car il y a une modulation des plus grandioses, celle de *la* ♭ majeur en *do* majeur, par mouvement ascendant. Donc il faut *forte* au lieu de *piano,* d'autant plus que l'*incise* précédente finit doucement.

Schulhoff, Op. 11, page 4, écrit le passage suivant sans *indication rhythmique* pour la main droite[1].

---

1. Page 3, 2e ligne, 3e mesure du même morceau, l'auteur marque *p* au lieu de *f* un passage suivi immédiatement d'un *appassionato !!*

Analysons ces 8 mesures. Remarquons d'abord que la phrase précédente se termine en *la* ♭ majeur, tandis que celle-ci commence en *fa* mineur; il y a donc changement de *ton* et de *mode*, ce qui exige un *forte*. En outre, le *do* initial commençant le rhythme est la note la plus haute de la mesure; donc il prend un accent *rhythmique* et *pathétique*. Le *si* ♭ de la 1re mesure, étant *répétition temporale*, *pénultième d'incise*, *retard* et *dissonance*, doit être très-fort, tandis que le *la* ♭ qui suit doit être très-faible, étant note finale d'une *incise féminine*. Le 2e *la* ♭ commence une nouvelle *incise*, est dissonance, plus haute et grande valeur, donc *fort*. De même du *sol* initial de la 2e mesure, qui est *répétition temporale*, *pénultième* d'une incise féminine, retard et dissonance. Le *fa* qui suit, étant final ou dernière note d'un rhythme féminin, doit être faible: il termine la modulation en *ré* ♭ majeur. Le dernier *fa* de la 2e mesure est note initiale de rhythme, note prolongée, grande valeur, et fait partie d'un accord dissonant; il doit être fort. Le *la* ♭ et le *sol* de la 3e mesure, ainsi que le *fa* de la 4e, doivent être accentués comme grandes valeurs exceptionnelles. Le 2e rhythme termine en *fa* mineur. Le *fa* aigu de la 4e mesure est note initiale d'un rhythme, plus haute du groupe, grande valeur, prolongée et fait partie de l'accord de 7e de dominante de *si* ♭; il doit donc être *fort*. Notons que le rhythme dont il est note initiale reproduit le dessin du premier une *quarte* plus haut; donc il y a *recrudescence*. La 1re incise de ce rhythme est en *si* ♭ mineur, il y a donc changement de ton puisque le rhythme précédent termine en *fa* mineur. L'incise suivante est en *sol* ♭ majeur et la dernière en *ré* ♭ majeur. Toutes ces incises, toutes ces modulations, toutes ces dissonances, tous ces retards, etc., sont autant d'éléments d'expression qui exigent de la *force*. Selon nous, la phrase, tout en étant jouée dans une sonorité faible, devrait être écrite et exécutée conformément aux *indications* suivantes:

Ces exemples suffiront pour donner au lecteur une idée de la manière dont nos règles sur les *nuances* doivent être appliquées.

---

§ 3. Exercices pratiques.

Les exemples d'*indications de nuances* défectueuses que nous avons donnés doivent convaincre le lecteur qu'il ne doit pas plus se fier aux prescriptions de *nuances* qu'aux *accentuations rhythmiques*, même dans les œuvres des plus grands maîtres. Aussi faut-il examiner la contexture des morceaux, voir s'ils renferment des passages exceptionnels *ascendants* ou *descendants*, afin d'augmenter sur les premiers, de diminuer sur les seconds. Cependant si, dans ces passages, il se présente des modulations ou complications harmoniques, il faut en tenir compte et, quoique la phrase soit descendante, la rendre néanmoins avec *force*. Il faut voir s'il y a des groupes similaires, des répétitions rhythmiques et en alterner la *force* et la *douceur*. La connaissance des *rhythmes* est donc la condition capitale pour bien *nuancer*. Si le morceau offre un certain dialogue, des demandes, des réponses, jouez *forte* les premières et *piano* les deuxièmes, et vice versa. Variez de même la sonorité des différentes *reprises*. Faites *forte* la 1re fois, la 2e fois *piano*, et vice versa. Si des mesures ou des passages sont répétés à l'*octave* aiguë, jouez la seconde fois doucement et tâchez de produire des *échos*. Si un thème ou un passage revient en *octave* (parties doubles), jouez-le *fort*.

Quelle que soit l'intensité de son avec laquelle vous exécutez un passage, *forte* ou *fortissimo*, *piano* ou *pianissimo*, tenez compte des accents *métriques*, *rhythmiques*, *pathétiques*, et faites-les *ressortir*. Il ne faut pas, sous prétexte de *nuances*, niveler et détruire ces beautés de l'expression. Beaucoup de musiciens croient qu'avec les *pianissimo* ces accents disparaissent. C'est une erreur. Ces accents subsistent et doivent être mis en relief, toute proportion dynamique gardée, aussi bien dans une cavatine à peine murmurée par le *mezza voce* le plus délicat, que dans le final enlevé par la puissance phonique la plus grande, avec le plus éclatant *brio*. Les signes des *nuances*, les *crescendo* (—<), les *diminuendo* (>—) ne se rapportant qu'aux *rhythmes*, doivent cesser avec ceux-ci.

Dans les morceaux vifs, les *nuances* résultant des *crescendo* et *diminuendo*, des oppositions des phrases *forte* et des phrases *piano* doivent dominer exclusivement. Dans les danses, les *quadrilles*, les *polkas*, etc., où l'on pratique de fréquentes *reprises* des mêmes phrases, il importe peu de les jouer *forte* ou *piano*, pourvu qu'on contraste, qu'on alterne. Dans la musique pour piano, les *pédales* jouent un très-grand rôle au point de vue des *nuances*.

Grâce aux pédales, un habile pianiste parvient sinon à enfler les sons, du moins à *enfler* les phrases au point de faire illusion. Du reste, que les jeunes pianistes écoutent et imitent les chanteurs, les violonistes; c'est d'eux qu'ils apprendront à *nuancer*. Si les *indications* marquées sont manifestement fautives, si elles sont en contradiction avec la contexture de la phrase, comme dans les exemples que nous venons de citer, il faut les corriger. L'exécutant doit donc bien connaître, outre les règles des *nuances*, les *termes* et *expressions* qui s'y rapportent. Les plus usités sont : *crescendo*, *diminuendo*, *dolce*, *dolcissimo*, *sotto* ou *mezza voce*, *una corda*, *con sordino*, *tre corde*, *forte*, *fortissimo*, *con tutta forza*, *slargando*, *allargando*, *strepitoso*, *rinforzando*, *largamente*, *pomposo*, *grandioso*, *subito pp*, *cantabile*, *harmonioso*, *grazioso*, *smorzando*, *perdendosi*, *calando*, etc.

CHAPITRE IX.

DU MOUVEMENT GÉNÉRAL OU MÉTRONOMIQUE.

On appelle *Mouvement général* celui qui règle l'allure normale d'un morceau et auquel l'exécutant doit se conformer tant qu'une contexture *exceptionnelle* n'en altère pas l'économie générale.

Il y a trois mouvements principaux :

1° Vif ou *Presto, Allegro;*

2° Modéré ou *Moderato, Andante;*

3° Lent, grave ou *Lento, Adagio.*

Le plus souvent les compositeurs indiquent le mouvement en tête de chaque morceau par un de ces termes italiens; quelquefois aussi par le nom de certains genres de compositions : *Rondo, Menuet, Polonaise, Marche,* etc. Ces désignations manquent évidemment de précision. Elles ne pourraient suffire à l'indication *exacte* des mouvements, que si chacune d'elles correspondait à un nombre déterminé de mesures ou de fractions de mesure à exécuter dans un temps donné. Malheureusement il n'en est pas ainsi; ces termes, selon les auteurs qui les emploient, reçoivent les significations les plus variées.

Ainsi, les diverses éditions de la *Sonate pathétique,* annotée par MM. Moschelès, Marmontel, Le Couppey et Lemoine, offrent dans l'explication des mouvements les écarts suivants :

		Grave.	Allegro.	Adagio.	Rondo.
Évaluations métronomiques de MM.	Moschelès . . .	♪ 60	𝅗𝅥 144	♩ 60	𝅗𝅥 104
	Marmontel . . .	♩ 92	𝅗𝅥 144	♩ 54	𝅗𝅥 96
	Le Couppey. . .	♩ 44	𝅗𝅥 160	♩ 40	𝅗𝅥 132
	Lemoine	♪ 63	𝅗𝅥 144	♩ 60	𝅗𝅥 104

Le 5e *Nocturne* de Field, faute de signes métronomiques fixés par l'auteur lui-même, a prêté de même aux diverses estimations suivantes[1] :

Marmontel. . . . . 𝅗𝅥. 80.
Le Couppey . . . . ♩. 92.
Lemoine. . . . . . ♩. 70.

---

1. Qu'un élève, devant un professeur autre que le sien, joue un de ces morceaux dans le mouvement que son édition lui indique, il courra le risque d'être jugé sévèrement. Et, cependant, il n'y aura pas de sa faute : peut-être même aura-t-il fait violence à son sentiment personnel pour adopter celui de son édition.

Hummel, à la fin de sa *Grande Méthode de piano*, a donné un tableau des appréciations différentes que rencontre chez divers compositeurs la même désignation du mouvement. On y voit, par exemple, que l'*Allegro* de Beethoven n'a pas la même vitesse que celui de Cramer, de Clémenti.

Non-seulement les compositeurs ne s'accordent point dans leur estimation d'un même terme, mais cette estimation varie même dans les œuvres d'un même compositeur. Ainsi, dans les *Études pour le piano* de Cramer, et pour des mesures pareilles, la signification du mot *Allegro* s'écarte de ♩ 92 (31e étude) à ♩ 168 ou 𝅗𝅥 84 (8e étude); tandis que le mot *Presto*, dans des mesures à $\frac{2}{4}$, est traduit, tantôt ♩ 138 (17e étude, 2e livre), tantôt ♩ 132 (29e étude) et le *Prestissimo* 𝅗𝅥 76 (37e étude)[1].

Le vague des termes employés pour l'indication du mouvement général n'est pas la seule difficulté que rencontre l'exécutant dans l'appréciation de l'allure d'un morceau.

La provenance étrangère des mots italiens, employés pour cet usage, et l'ignorance de leur signification primitive entraînent de nouveaux risques d'erreur. Ainsi, les uns prennent le mot *Allegretto*, diminutif d'*Allegro*, comme son augmentatif, et le rendent par un mouvement plus vif, au lieu de le rendre par un plus lent. La même confusion a lieu pour le mot *Andantino*, diminutif d'*Andante*, et pour d'autres termes. Ajoutez à ces inconvénients les fautes résultant de la précipitation avec laquelle les compositeurs donnent les indications et la négligence qu'ils apportent à la correction des épreuves. Ils se persuadent que telle vitesse, dans laquelle ils jouent, correspond à tel chiffre du métronome et le marquent sans vérifier cette concordance supposée.

L'indication donnée par l'auteur, fût-elle d'ailleurs formulée en termes précis, peut néanmoins fourvoyer encore l'exécutant.

L'auteur, en effet, au moment où il enfante son œuvre, se trouve dans un état de surexcitation exceptionnelle et subit les aiguillons de son inspiration; il a donc une tendance à exagérer son mouvement, soit en lenteur, soit en vitesse. Il peut, en outre, avoir commis une méprise à l'égard de l'allure qui convient à son œuvre. Il peut s'être fait illusion sur le vrai caractère de sa composition et avoir prescrit un mouvement mal approprié ou même complétement faux.

Ce fait, si extraordinaire qu'il puisse paraître, n'est pas moins réel. Ainsi, les morceaux connus sous le nom de *Dernière Pensée* de Weber, et *le Désir* de Beethoven sont tirés d'une suite de valses! Or, dans un mouvement vif ces morceaux perdent toute leur beauté. Le public a imprimé à une foule d'autres pages le véritable mouvement, comme il l'a fait pour ces deux compositions. Mais les difficultés les plus grandes dans l'application du mouvement proviennent de l'exécutant lui-même. D'une part, la mémoire peut lui faire défaut pour apprécier, en l'absence du métronome, à quel nombre exact d'oscillations correspond le mouvement prescrit[2]. D'autre part, son état nerveux, les dispositions actuelles de son sentiment exercent une influence perturbatrice sur la saine appréciation du mouvement. On ne joue pas à jeun comme après un repas copieux. Le sentiment est-il éveillé? les moindres faits, les irrégularités tonales, modales, métriques ou rhythmiques les plus imperceptibles

---

1. Nous engageons nos lecteurs à se livrer eux-mêmes à des recherches de ce genre, à comparer quelques morceaux classiques dans différentes éditions au point de vue des indications du mouvement. Ils verront que de telles erreurs sont fréquentes.

2. Nous indiquerons aux *Exercices pratiques*, page 162, un moyen infaillible de parer à cette difficulté.

l'*impressionneront* et paralyseront le mouvement. Le sentiment est-il engourdi? tous ces faits passeront inaperçus, l'exécutant ne sentira rien et s'abandonnera à l'entraînement.

Enfin nous avons vu, page 8, note 2, qu'à certains musiciens le sentiment du mouvement fait complétement défaut. Tout le monde sait que des chefs d'orchestre faussent fréquemment le vrai mouvement; battant la mesure trop vite ou trop lentement, ils nuisent aux œuvres qu'ils font exécuter.

Par suite des diverses circonstances que nous venons d'énumérer, l'appréciation du mouvement général qu'il convient d'imprimer à une composition musicale se trouve plus ou moins abandonnée à l'arbitraire du compositeur et de l'exécutant. Est-ce à dire que toute œuvre puisse être indifféremment exécutée dans tous les mouvements? Non, assurément; un même morceau revêt, selon l'allure qu'on lui donne, un caractère tout autre: gai ou triste, froid ou bouillant, il gagne ou perd de sa valeur expressive et produit en conséquence une impression différente[1]. A ce titre le mouvement général est donc l'élément *capital* de l'expression musicale.

C'est dire qu'il ne saurait être le produit de l'*arbitraire;* il ne dépend ni du compositeur, ni de l'exécutant. En effet, le véritable mouvement d'une composition, celui qui en fait le mieux apparaître la physionomie propre, naturelle, qui en traduit le plus exactement la pensée intime, c'est le mouvement *qui résulte de sa contexture même* . . . Celui-là seul en révélera le véritable caractère et fera naître chez les auditeurs les sentiments particuliers qu'elle est apte à éveiller. Celui-là seul répondra à sa véritable vocation. C'est son milieu, son air natal, le seul dans lequel elle puisse s'épanouir complétement, se développer dans sa force, dans sa beauté; donner, enfin, tout ce qu'elle est capable de produire.

Il est donc d'une importance capitale de savoir reconnaître dans la contexture d'un morceau son mouvement réel. Mais à quels signes distinguer ce mouvement?

C'est un fait connu de tout le monde, que tout tableau, pour être nettement saisi dans sa pensée générale, dans son unité, doit être vu à une distance d'autant plus éloignée que ses traits sont eux-mêmes plus espacés, moins nombreux, plus simples, à une distance d'autant plus courte que ses lignes sont plus compliquées, plus multipliées, plus près de se confondre. A mesure qu'il s'éloigne, l'observateur voit, par un effet des lois de la perspective, se rapprocher les traits disséminés dans un vaste cadre; à mesure qu'il se rapproche, il voit au contraire se distinguer les unes des autres les lignes qui de loin semblaient confondues.

Il n'en est pas autrement en musique.

De même que le point de vision d'un tableau doit être d'autant plus rapproché que la peinture est plus prodigue de détails, plus compliquée, de même le mouvement d'un morceau doit être d'autant plus *lent* que la musique est plus serrée, plus riche en éléments expressifs, c'est-à-dire en *irrégularités* tonales, modales, métriques, rhythmiques ou harmoniques. Ces éléments sont incompatibles avec un mouvement vif. L'oreille la plus exercée a une extrême difficulté à saisir dans un *mouvement vif* une composition contenant la marche de plusieurs parties régulières, une harmonie remplie de dissonances, de retards, d'anticipations, de modulations éloignées, etc.... Après quelques efforts, ses forces sont épuisées, et il résulte

1. Le mouvement est donc à une composition exactement ce qu'est un verre grossissant à un dessin: un chef-d'œuvre vu à travers un verre mal conformé peut paraître une caricature, une monstruosité.

pour elle lassitude, étourdissement et impuissance de percevoir. Il faut donc que, par sa lenteur, le mouvement établisse entre ces éléments multiples des intervalles suffisants pour permettre à l'ouïe de les reconnaître, de les saisir tour à tour.

Au contraire, comme une fresque ou une esquisse aux lignes rares et saillantes doit être regardée d'assez loin pour que l'œil en embrasse l'ensemble, de même une composition clairsemée, sobre d'accessoires entre ses grands traits, doit être exécutée dans un *mouvement* assez *vif*, pour que ses éléments isolés se rapprochent et se solidarisent. Autrement l'oreille s'efforcerait en vain de saisir la pensée générale de ces éléments épars, le plan commun de ces matériaux disjoints, l'unité de l'œuvre. Ces compositions sont semblables à certaines pièces de feu d'artifice, à certains jeux d'optique, qui ne prennent *figure* que par la rotation rapide qu'on leur imprime.

Guidé par ces considérations, tout exécutant est à même de découvrir, dans la *contexture* d'un morceau, le mouvement général qui lui convient.

Pour adopter un mouvement, il faut donc examiner d'abord le nombre de notes contenues dans chaque mesure, dans chaque temps; le nombre de notes exécutées par l'accompagnement sous chaque note du chant; la coupe métrique qui domine. Il faut regarder si les notes se suivent avec régularité ou irrégularité, par degré conjoint ou disjoint, par mouvement descendant ou ascendant, à la tierce, à la sixte; si elle renferme des intervalles chromatiques ou à grands sauts, des *répétitions temporales,* des notes *voisines aiguës* ou *graves,* des triolets, etc.

Tous ces éléments indiquent un mouvement *lent.* Plus la contexture métrique est claire, la coupe simple, uniforme, et plus le mouvement doit être *vif*, afin de rallier les notes éparpillées et de leur donner la cohésion d'unités métriques.

Il faut faire la même recherche sur les rhythmes: voir s'ils sont réguliers ou irréguliers, variés ou persistants; s'ils contiennent exceptionnellement des notes de grande valeur mêlées avec des petites; voir, enfin, s'ils commencent sur les temps forts ou faibles, sur une partie forte ou faible du temps, etc. Les rhythmes *irréguliers* de 3, 5 et 7 mesures, et ceux qui commencent sur le temps faible ou sur une partie faible du temps, exigent, pour être acceptés, un mouvement *lent* ou *modéré.* Les rhythmes réguliers, au contraire, demandent une exécution *alerte.*

Observez de même le nombre de parties ou d'instruments, suivant chacun une marche régulière. Plus l'harmonie offre d'accords chromatiques, de dissonnances, de retards, d'anticipations, de suspensions, et plus aussi il faut, par un mouvement *lent,* donner aux auditeurs le temps de démêler et de percevoir toutes ces particularités. Une harmonie simple est, au contraire, facilement saisie et l'allure en peut être *accélérée.*

Consultez enfin le diapason, la tonalité et la modalité de la composition.

Les morceaux exécutés dans la partie grave d'un instrument ne peuvent être nettement rendus que dans un mouvement *lent.* Les sons graves, étant produits par des cordes longues et grosses, à vibrations moins nombreuses, exigent, afin d'acquérir une ampleur plus grande, plus de force dans l'attaque et un mouvement plus *lent.*

Le mode mineur provoque la tristesse, la mélancolie, qui resserre les cœurs et en ralentit les mouvements. Le mode mineur, en outre, contenant des intervalles chromatiques augmentés et diminués, s'accommode mieux d'un mouvement *lent,* qui laisse à l'auditeur toute facilité pour en saisir les beautés pathétiques et pour en percevoir les nuances délicates.

Par ce qui précède on peut remarquer qu'il y a trois principaux mouvements.

1° Les morceaux riches d'harmonies, remplis de retards, d'anticipations, de dissonnances, de *répétitions temporales exceptionnelles*, de *notes voisines aiguës*, ainsi que les morceaux à rhythmes irréguliers, à diapason grave, à valeurs exceptionnelles, exigent un *mouvement lent*. A lui les *Adagio, Largo, Andante, Nocturnes, Rêveries*, etc. Dans ces compositions ce sont les accents *rhythmique* et *pathétique*, le *mouvement passionnel* et les *nuances* qui dominent. Elles demandent un jeu passionné, chaleureux, rempli de sentiment et de sensibilité.

2° Les morceaux d'une *contexture* métrique et rhythmique, régulière et peu variée, ceux dans lesquels les accents rhythmiques coïncident avec les métriques, à l'harmonie simple, exigent un *mouvement vif*. Dans ces sortes de compositions, c'est l'*Accent métrique* et le *Mouvement principal* qui doivent dominer. Ils demandent beaucoup d'oppositions, de contrastes résultant des phrases *forte* et des phrases *piano*, de *crescendo*, de *diminuendo*, peu ou point de *rallentando*, d'*accelerando* et d'*accents pathétiques*. Car le mouvement vif est un véritable rabot; il passe sur toutes les inégalités et irrégularités : rien ne lui résiste. Il nivelle et emporte tout! C'est à peine s'il permet à l'exécutant de s'appesantir tant soit peu sur la première note des rhythmes, si celle-ci ne coïncide avec l'accent métrique. Les compositions devant être exécutées dans ce mouvement demandent un jeu brillant, net, extrêmement précis, dépourvu de toutes recherches d'affectation et de minauderie. A lui les *Presto, Allégro, Tarentelles, Galops*, etc.

3° Les compositions qui n'ont ni une harmonie trop savante et compliquée, ni des rhythmes trop irréguliers, et qui, cependant, ne sont pas dépourvues de richesses harmoniques, rhythmiques, etc., demandent le *mouvement modéré*. Dans ces sortes de morceaux, ce sont les trois accents *métrique, rhythmique* et *pathétique*, les *mouvements passionnels*, les *nuances* qui peuvent être employés, mais avec sobriété et discrétion.

Il va de soi que le mouvement indiqué en tête d'un morceau ne le régit pas nécessairement d'un bout à l'autre. Si la *contexture* rhythmique et harmonique vient à varier avec les phrases, ce changement entraîne une modification du mouvement. Souvent l'*Allegro* le plus folâtre et le plus brillant prend tout à coup les allures les plus rêveuses, les plus mélancoliques. On dirait d'un coursier épuisé, haletant, ralentissant sa marche; puis la course reprend, échevelée, furibonde. Dans des pages de ce genre, serait-il bon de conserver un mouvement uniforme? Non. Cette uniformité dépoétiserait toute la composition en la torturant sur le lit de Procuste. D'autre part, il est des *Adagio* dans lesquels on rencontre parfois des phrases dont la contexture exige un mouvement plus vif. Il faut donc s'occuper du mouvement de chaque période autant que de celui qui régit la composition en général[1]. Telle est la marche à suivre pour trouver le mouvement d'une composition.

Appliqués à l'examen préalable des contextures mélodiques, rhythmiques, harmoniques, tonales et modales, les principes que nous venons d'exposer permettront à tout exécutant de découvrir le mouvement normal d'un morceau et de se tenir en garde contre les erreurs qui pourraient provenir, soit d'une fausse appréciation de l'auteur[2], soit d'une contradic-

1. Voyez *Mouvement passionnel*, pages 123 et 129.

2. Comme dans la *Dernière Pensée* de Weber, le *Désir* de Beethoven, où la richesse harmonique, les retards, les *répétitions* temporales, se succédant sur chaque temps, donnent à ces morceaux une allure excessivement expressive.

tion entre les termes italiens et les chiffres métronomiques employés[1], soit de l'impossibilité d'exécuter dans le mouvement prescrit[2], soit de l'incompatibilité de ce mouvement avec la contexture du morceau[3], soit, enfin, de l'absence de toute *indication*, comme dans un nombre considérable d'éditions originales de compositions anciennes.

Bien entendu, ce n'est qu'aux professeurs, aux artistes et aux amateurs déjà forts qu'il peut arriver de se heurter contre des difficultés de mouvement. Mais on n'arrive pas à être l'un ou l'autre sans de longues études et une pratique persévérante; or, le sentiment du mouvement étant susceptible de culture, comme toute autre faculté, il arrive que le musicien, à force de jouer et d'entendre jouer de la musique classique, dont l'allure est à peu près fixée par la tradition, finit par acquérir le sentiment du *mouvement général* et à l'appliquer de lui-même à toute espèce de musique, comme l'amateur de peinture acquiert le sentiment du point de vision, sous lequel une toile déploie le mieux ses beautés.

Exercices pratiques.

Il est essentiel de familiariser l'élève avec les chiffres métronomiques correspondant à chacun des principaux mouvements et de s'assurer au début de chaque morceau que l'exécutant possède bien ces rapports.

En vue de faciliter cette tâche à l'exécutant, nous avons dressé un tableau établissant le rapport qui existe entre les principaux termes usités pour désigner les mouvements et le nombre d'oscillations métronomiques qui correspond à chacun d'eux. Toutefois, avant de mettre ce tableau sous les yeux du lecteur, nous devons faire connaître sur quelle base nos calculs ont été faits.

Il nous paraît logique de n'appliquer l'indication métronomique du mouvement qu'à la durée d'un *temps* ou à celle d'une *mesure*. Ce sont les seules unités que l'oreille perçoit dans le mouvement.

Si l'on veut marquer métronomiquement la durée du *temps*, on procédera de la sorte: Pour la mesure $\frac{4}{4}$ ou 𝄴, le signe musical du temps étant la noire, M. M.[4] ♩ 60 signifiera 60 temps en une minute; M. M. ♩ 80 = 80 temps en une minute.

Si l'on veut désigner métronomiquement la durée de la mesure, on aurait dans le premier cas: M. M. 𝅝 15; dans le deuxième: M. M. 𝅝 20; c'est-à-dire 15 ou 20 mesures en une minute.

---

1. Comme le mot *Grave* accompagné de 92 ♩, dans une mesure aussi compliquée, aussi chargée que l'Introduction de la *Sonate pathétique*.

2. Comme dans *Regata Veneziana*, de Liszt. (Voyez page suivante.)

3. Voyez le *Menuet* de la *Sonate en la*, de Mozart. Examinez la contexture de la deuxième phrase: ces dissonnances, ces retards, ces accords chromatiques, etc., en est-il beaucoup qui présentent une *contexture* aussi pathétique? Eh bien! toutes ces beautés, tous ces accents se trouvent emportés, nivelés par un mouvement trop accéléré. D'ailleurs le *Menuet* comporte une certaine gravité, et ce mot indique plutôt un mouvement lent que vif. Gardons-nous donc de jouer cette admirable page dans un mouvement trop vif. Sous prétexte de la rendre plus difficile, et de se donner le plaisir de vaincre des difficultés, on en supprimerait toutes les beautés.

4. Le Métronome, inventé par Winckel d'Amsterdam, porte le nom de *Maëlzel*, qui l'a perfectionné en 1816. On mentionne l'instrument par ces deux initiales: M. M. (Métronome de Maëlzel).

Il ne serait pas rationnel de donner des indications métronomiques se rapportant à des valeurs de notes qui ne formeraient pas la durée d'un temps ou d'une mesure. Par exemple dans un morceau à $\frac{6}{8}$, ne marquez pas la valeur d'une *noire* ♩ qui, dans cette mesure, ne vaut que les deux tiers d'un temps. Dans un morceau à $\frac{3}{4}$, ne donnez pas la valeur d'une *blanche* 𝅗𝅥 qui, dans cette mesure, ne représente que les deux tiers de la mesure. Dans une édition, d'ailleurs excellente, de l'*Invitation à la valse*, l'Allégro est ainsi formulé : 𝅗𝅥 88. Pourquoi cette blanche ? Le morceau est à $\frac{3}{4}$. Si chaque coup du métronome marque un *temps*, il faut l'indiquer par une noire ♩ — ; s'il marque au contraire une *mesure*, il faut l'indiquer par la blanche pointée 𝅗𝅥. . Toute autre formule est fausse et sujette à confusion.

Liszt a commis une semblable anomalie dans *Regata Veneziana*, en donnant pour la mesure $\frac{6}{8}$ la formule ♩ 192. Cette *noire* ne vaut ici ni un temps, ni une mesure, ni même le tiers du temps, mais bien les deux tiers. Du reste, il y a lieu de croire à une erreur typographique : l'*indication* ♩ 192 donnerait un mouvement trop rapide, savoir : jusqu'à *neuf* notes par oscillation, à cause des *triolets;* ce qui à 192 est impossible. Liszt aura voulu mettre ♪ 192, que nous traduirions régulièrement de cette manière : ♩. 64 ; c'est, dans cette mesure, la durée du temps.

Nous avons donc, dans la confection du tableau suivant, considéré chaque oscillation du métronome comme valant un temps, quelle que soit la note par laquelle le temps soit représenté, et cela aussi bien pour les mesures *simples* que pour les mesures *composées.*

Par exemple dans le mouvement *Moderato* à 80 ♩, le signe métronomique dit que le balancier fait 80 battements par minute, dont chacun demande une noire ♩. On devrait donc exécuter dans une minute quatre-vingts noires ou quarante blanches, vingt rondes ou cent seize croches, *deux cent trente-deux* doubles croches, etc.

Les mesures composées ainsi que les mesures simples à *subdivision ternaire,* ayant toujours *trois* notes par temps, il faut tenir compte de ce surcroît de notes, qui imprimeront évidemment au mouvement une allure plus vive, plus serrée.

Tableau des principaux termes de mouvements avec le nombre d'oscillations métronomiques correspondant à chacun d'eux.

Lent	Largo ou Adagio de	40 à 60	balancements par minute.
	Larghetto	60 à 72	—
Modéré . . .	Andante	72 à 84	—
	Andantino / Allegretto	84 à 120	—
Vite	Allegro	120 à 150	—
	Presto	150 à 180	—
	Prestissimo	180 à 208	—

Bien entendu, nous n'avons pas la prétention d'attacher à chaque terme un nombre fixe d'oscillations.

Nous engageons les compositeurs à abandonner complétement les termes italiens et à y substituer l'énonciation par chiffres métronomiques, exactement et scrupuleusement donnés. Ils atteindront ce but si, avant de fixer le chiffre métronomique, ils examinent la *contexture* de la nouvelle composition, s'ils la jouent à trois ou quatre reprises différentes, tantôt le soir, tantôt le matin. Qu'ils consultent chaque fois le métronome, non avant de jouer, mais bien pendant l'exécution, et qu'ils marquent chaque fois le chiffre auquel correspond leur allure. La moyenne des chiffres ainsi obtenus donnerait un mouvement à peu près exact.

Aux amateurs et aux élèves nous conseillons de faire fréquemment les exercices suivants : Battez la mesure conformément à la vitesse qu'exige le chiffre métronomique ou le terme italien en tête du morceau, avant de consulter le métronome, ensuite vérifiez et rectifiez le mouvement avec le métronome.

Jouez le commencement d'un morceau quelconque avec le métronome, puis mettez-le de côté. Après une interruption, rejouez le morceau, d'abord sans métronome, afin de comparer et de rectifier.

Marquez les chiffres métronomiques que différents auteurs donnent pour un mot italien, par exemple pour le mot *Andante,* dans plusieurs morceaux tant classiques que modernes, et comparez les écarts.

Quand le mouvement est trop rapide, il amène de la confusion; il vaut donc mieux dans les mouvements très-vifs réduire de moitié le nombre des balancements. Par exemple dans un morceau à $\frac{4}{4}$ avec 160 oscillations, n'en faire que *quatre-vingts* par minute, et considérer chaque oscillation comme valant une *blanche* 𝅗𝅥 au lieu d'une *noire* ♩. Si le mouvement est trop lent, il y a la même incertitude, et, dans ce cas, il vaut mieux en doubler les oscillations, faire *80 noires* au lieu de *40 blanches.*

Les *Rêveries,* les *Nocturnes* et les *Adagio,* tous les morceaux *expressifs,* apprennent à chanter, mais ils ont l'inconvénient d'altérer le sentiment du mouvement. L'élève, après avoir joué longtemps dans un *mouvement lent*, contracte l'habitude de jouer trop lentement. Les morceaux d'un mouvement *vif* émoussent le sentiment et réduisent l'élève à une exécution purement mécanique. Il faut donc varier et alterner des morceaux vifs avec des lents.

Souvent l'exécutant n'a pas de métronome à sa disposition. Voici un moyen de s'en passer qui y supplée parfaitement. Nous choisissons quelques airs du mouvement desquels nous sommes profondément *pénétrés*[1]. Trois ou quatre airs d'allures différentes suffisent; car, en doublant leur vitesse ou en la divisant, c'est-à-dire en les chantant deux fois plus vite ou deux fois plus lentement que leur mouvement normal, on obtient les douze mouvements principaux. Supposons que nous prenions comme type l'air de *Au clair de la lune,* le mouvement normal de cet air à 2 temps ou $\frac{2}{4}$ est *Moderato* (60 ♩), et exige deux notes par oscillation. Eh bien! supposons que nous ayons à trouver le mouvement d'un morceau ayant pour indication *Allegro* ou le chiffre 120 ♩. Comment saisir cette vitesse en l'absence du métronome? Il suffit de chanter *Au clair de la lune* dans son mouvement normal à 60 ♩, avec deux notes par oscillation, puis, tout à coup, le chanter moitié plus vite ou faire sur chacune de ces deux notes un battement, tout en gardant exactement la même vitesse, ce qui donnera 120 oscillations, le double du mouvement normal correspondant au mot *Allegro,* 120 ♩.

Que nous tombions au contraire sur un morceau portant comme indication le mot *Largo* ou 30 ♩. Dans ce cas il faudrait, tout en gardant la même vitesse, supprimer 1 sur 2 oscillations, chanter quatre notes, c'est-à-dire une mesure entière sur chaque oscillation du balancier, ce qui donnerait 30 balancements par minute, répondant au mouvement *demandé.*

---

1. Les airs les plus connus, les plus populaires sont les meilleurs pour cet exercice.

Le mouvement de la *Polka* est 116 ♩; en accélérant les oscillations de moitié, c'est-à-dire en faisant deux battements dans le même temps qu'on n'en faisait qu'un, cela en donne 232 par minute, répondant au *Prestissimo;* en ralentissant les oscillations de moitié, etc., en n'en faisant qu'une dans le même temps qu'on en faisait deux, cela donne 58 oscillations par minute, répondant au *Larghetto.*

La *Valse* à $\frac{3}{4}$ est à 84 *blanches pointées* 𝅗𝅥. par minute; comme c'est un mouvement facile à retenir, il suffira, quand on rencontrera l'indication métronomique, de fredonner mentalement une valse pour trouver la vitesse 84-168 et 42.

Aucun procédé n'est plus simple, plus pratique, plus utile. Avec quelques airs ainsi utilisés, on a littéralement un métronome portatif et mnémonique. Ce procédé est analogue à celui qu'on employait autrefois pour indiquer le mouvement. Ainsi, les mots *Menuet, Gavotte, Chacone,* etc., étaient employés, non pour dire que le morceau à la tête duquel l'un de ces termes se trouvait, était un *Menuet,* une *Gavotte,* une *Chacone,* mais simplement qu'il devait être joué dans le mouvement propre à ces divers genres de compositions.

Chaque genre de morceau ayant une contexture propre, caractéristique, qui naturellement entraîne un mouvement conforme, il faut que le musicien se familiarise avec tous les genres, afin d'être saturé du mouvement de chacun. Il faut qu'il connaisse le mouvement de la Tarentelle, du Galop, de la Marche, du Bolero, du Menuet, de la Valse, etc.

Profitons de cette occasion pour attirer l'attention des professeurs sur le rôle important que doit jouer le *mouvement* dans leur appréciation des difficultés d'exécution qu'offre un morceau. Qu'ils se méfient des pages blanches. Combien de fois n'avons-nous pas entendu l'*Orage* de Steibelt, l'*Invitation à la valse,* etc., etc., exécutés par des élèves à qui un ou deux ans de plus d'un travail assidu n'auraient pas suffi pour les rendre capables de les jouer d'une manière satisfaisante! Aussi qu'arrive-t-il? Le morceau étant trop difficile pour être joué dans le vrai mouvement, le professeur est obligé de le laisser jouer beaucoup trop lentement. Il tend ainsi à fausser aussi bien son sentiment personnel du mouvement que celui de l'élève. Pourquoi impose-t-on aux élèves des morceaux beaucoup au-dessus de leurs forces? Parce que, à ne les considérer que superficiellement, ces morceaux paraissent faciles; n'offrant que des noires et des croches, ils présentent des pages pour ainsi dire blanches, innocentes! Cependant si le professeur avait considéré l'indication du mouvement qui est en tête de ces morceaux, le mot terrible: *Allegro!* il aurait dû reculer. C'est le mouvement surtout qui rend une composition difficile.

Ce que nous disons ici de l'*Invitation à la valse* s'applique à une foule de compositions: à la *Sonate pathétique,* à la *Sonate,* op. 26, de Beethoven, etc., etc., morceaux dans lesquels les pages blanches offrent de très-grandes difficultés de mécanisme, tandis que les pages noires sont relativement beaucoup plus abordables.

Ajoutons encore que chaque instrument a ses difficultés particulières, inhérentes à sa construction. Par exemple au piano, tout passage à la main gauche, s'il est descendant en forme de gamme ou en arpéges, offre des difficultés, s'il se présente *exceptionnellement.* Ces difficultés sont considérablement augmentées si le trait doit être joué en *Staccato* (♫), en prolongation ♫ ou ♫, ou en coulé ♬ ♬ [1], s'il contient des ruptures *exceptionnelles*

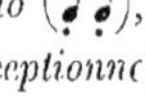

1. Voyez le *Temps,* page 34.

dans la marche par degrés conjoints ou disjoints, s'il renferme une suite *exceptionnelle* de tierces, de sixtes, etc.

Les professeurs ne sauraient trop considérer ces sortes de faits.

Nous venons de passer en revue les phénomènes de l'expression. Nous avons analysé l'*accent pathétique* dans son principe et dans sa triple manifestation de *force*, de *mouvement*, de *nuances*. Cette analyse nous démontre d'une manière évidente la puissance intuitive du sentiment de l'expression. Faculté merveilleuse, devant laquelle nous nous inclinons avec ravissement!

Nous sommes confondu et comme en extase devant les résultats de cette divine intuition, qui saisit avec une sûreté et une promptitude inconcevables les *irrégularités tonales, modales, métriques* et *rhythmiques* les plus subtiles, les plus imperceptibles!

Voilà des siècles que le sentiment de l'expression perçoit ces faits si délicats, si variés, si complexes, et inspire aux artistes ces élans sublimes qui charment et ravissent les âmes d'élite. C'est aujourd'hui seulement que la raison connaît la cause des phénomènes de l'expression et les lois qui les régissent. C'est aujourd'hui seulement que la science peut prêter au sentiment un appui efficace et le seconder dans ses défaillances. Ainsi, là où le sentiment, dans sa fulgurante spontanéité, saisit d'emblée les phénomènes dans leur détail et dans leur sublime synthèse, la lumière de la raison ne pénètre que lentement, à la suite d'années d'études et d'expérience!

Qui pourrait refuser son hommage aux musiciens doués de cette merveilleuse faculté? Élargissons la scène : qui pourrait refuser son admiration aux artistes, peintres, sculpteurs, orateurs, poëtes doués d'un sentiment élevé et qui savent l'assujettir aux règles d'un goût pur et délicat?

FIN.

TABLE DES MATIÈRES

www.ingramcontent.com/pod-product-compliance
Ingram Content Group UK Ltd.
Pitfield, Milton Keynes, MK11 3LW, UK
UKHW022106260726
13993UKWH00001B/343

9 782019 993108